Broken by（No）Management

人が壊れる
マネジメント

プロジェクトを始める前に
知っておきたい

アンチパターン50

パラダイスウェア株式会社 代表取締役
橋本将功

ソシム

Introduction

現代はマネジメント苦難の時代

　現代の日本は極めてマネジメントが難しい時代です。超少子高齢化による慢性的な人手不足を背景に、労働市場は労働者の「超売り手市場」になっています。これはつまり雇用する側より雇用される側、労働者の力のほうが強い時代であるということです。こうした時代背景を受けて、コンプライアンス（法令・道徳の遵守）や各種ハラスメント（嫌がらせ）に対する認識も非常に高まっています。

　このような状況下で、経営者や管理職の方々からは**「部下にどうやって接すればいいかわからない」「どのようにマネジメントすればいいのかわからない」「育成の方法がわからない」**など口々にマネジメントや育成に関する不安や悩みの言葉を聞きます。かつての時代のように、権力を背景に「いいから言うことを聞け」というスタンスでは通用しない時代になっており、どうすればいいのかわからないという本音を持つマネージャーは多いのではないでしょうか。

労使の力関係の変化以外にも、ビジネス環境の変化の激しさもマネジメント苦難の大きな要因の一つです。技術や国際経済の変化が激しい現在では、同じことを繰り返すだけでは企業は利益を確保していくことが難しくなっています。様々なプロジェクトを実施して、新規事業や DX（デジタルによる業務・組織の変革）を実施していかなければ、競争力を維持したり向上させたりすることはできません。**社員や外部パートナーの力を変革の方向に持っていかなければならないのに、どのように働きかければいいのかわからない**というジレンマがマネジメントの困難さを増大させているのです。

変革の力としてのプロジェクトマネジメント

　新しい取り組みをプロジェクトという形で実現する際には、プロジェクトマネジメントのノウハウが必要です。プロジェクトマネジメントは日本でも過去30年の間に IT（システム開発）の浸透とともに普及してきましたが、現状はまだ「ビジネスの常識」といえるレベルには達していません。

　一般的にプロジェクトマネジメントはシステム開発で使われるノウハウというイメージが強いですが、実はそれ以外の分野でも有効に使うことができます。たとえば、これまでとは違う新しい商品を企画・開発してそれを販売し、事業として軌道に乗せるには、みんなで協力してやったことがないことに取り組むという挑戦をいくつもこなしていかなければならないでしょう。また、人手不足に対応するために業務を見直して IT ツールを導入する場合も、実際に現状の業務がどのように行われていて、何を改善しなければならないのか、現場にどのようなツールが

フィットするのかを選定し、その影響を実際に確認するなどの複雑なプロセスを一つずつ遂行していかなければなりません。

　プロジェクトマネジメントのノウハウはこうした初めて取り組む課題をみんなで協力して進める際に大きな効果を発揮しますが、このノウハウが欠けていると、成功率が大きく低下するだけでなく、関わった人が大きく傷ついてしまうことがあります。プロジェクトでよく使われる表現に「炎上」がありますが、これはプロジェクトが迷走して「やらなければならないこと」が大量に残っているにもかかわらず、必要なリソース（人手や作業時間、予算）が不足することでリーダーやメンバーが過重労働で疲弊してしまう状況を指します。プロジェクトが一度炎上すると立て直すのは非常に難しく、その多くが失敗してしまいます。

　プロジェクトの「炎上」はプロジェクトマネージャーの64％が「経験したことがある」と回答する調査（アジャイルウェア、2021）もあるほどしばしば見られる現象ですが、そのネガティブな影響は非常に大きく、貴重な人材を失ってしまったり、事業投資が丸損になったり、責任の押しつけ合いで企業間のトラブルに発展して社会的評価のマイナスにまでつながってしまったりすることがあるほどです。

プロジェクトが炎上することで得をする人は存在しません。誰しもがプロジェクトの炎上を望まないのに、なぜ頻繁に発生してしまうのか。それは、**プロジェクトを成功させるのはそれだけ難しい**ことだからです。

プロジェクトマネジメントを専門とする職業であるプロジェクトマネージャーが一人前になるには、通常5〜10年ほどの経験を必要とします。プロジェクトは要件定義・設計・実装・テスト・リリースというプロセスを経ますが、各フェーズで必要とされるスキルは異なっているため、それぞれを習熟していくには多くの実務経験を必要とするのです。

現実的な方針としての「失敗あるある」回避術

プロジェクトは成功すれば業務効率を向上させたり、大きな売上を立てたりすることができますが、失敗すれば事業面・人材面で非常に大きなデメリットが生じます。**このデメリットの中で最大のものは「人を壊す」こと**です。過小な体制や非現実的な計画、一人のマネージャーや担当者に背負わせるには大きすぎる期待や責任を、難しい取り組みを担おうとする意欲的で優秀な人材に背負わせてしまい、結果としてプレッシャーや過重労働で潰してしまうのです。

プロジェクトを成功させるには、正しいマネジメントのプロセスを実行し、適切な計画と体制を構築し、マネージャーや担当者に適切なフィードバックを伝えて生産性を高める必要があります。しかし、こうした技術に習熟するには時間がかかります。とはいえ、現代の変化の激しいビジネス環境においては、プロジェクトを実施するニーズは常に高

いため、経験豊富な人材を調達したり、十分に育成する時間をかけたりすることができない状況も多々あるでしょう。

　こうした状況で取りうる対策として、プロジェクトを任せる側の意思決定者（経営者やハイレベルマネージャー）やマネジメント初心者が陥りやすいアンチパターン、つまり「よくある失敗パターン」を回避しながら進めていくという方法があります。プロジェクト経験が浅い人がついやりがちな失敗はパターン化できるため、それを事前に学ぶことによって**人が潰れてしまったり、プロジェクトが炎上してしまったりする等の「致命的なミス」を避けながら少しずつ成功体験を積んでいくことができる**のです。

　本書はこうしたアンチパターンをまとめて、**なぜそれが起きてしまうのか、それを回避してどのように正しいマネジメントをすればよいのか**を解説しています。現代の複雑で不確実性の高いプロジェクトを遂行する際は、関係者は誰しもが大きなストレスに晒されます。そのような状況でリーダーや上司がメンバーに与える影響は大きく、プロジェクトの現場ではちょっとした言動で意欲を失わせてしまったり、メンタルのバランスを崩させてしまい、最終的に「人を壊してしまう」事例をしばしば見かけます。

　そうした悲劇的な出来事も、きっかけとなる言動は意思決定者やマネージャーの「成果を出さなければならない」というプレッシャーによって起きることがほとんどです。つまり、**プロジェクトでは「悪意のない不適切なマネジメント」が発生しやすいの**です。人はどんなときに壊れるのか、どんなマネジメ

==ントが適切なのか。これらの知識があれば、マネジメント苦難の時代でも新しい挑戦に取り組む活力を組織にもたらすことができる==のです。

本書は「タスク編」「プロジェクト計画編」「コミュニケーション編」「キャリア編」「組織・環境編」の5つのテーマごとに、多くの組織・プロジェクトで見られるアンチパターンとその回避法をご紹介しています。読者の方によっては、過去の失敗経験や挫折を思い出して辛い気持ちになるものもあるかもしれません。その際は一旦本書を置いて、必要に応じて拾い読みする形にすることをお勧めします。そして、まだ仕事のキャリアが浅い方は自分自身がマネジメントを行うことになったときの「転ばぬ先の杖」として、また今後のキャリア設計の参考として本書をご活用いただけると良いでしょう。

本書でご紹介するノウハウをお読みいただいて、プロジェクトにおける悲劇を未然に防ぎ、皆さんの成功に少しでも寄与することができれば、これにまさる喜びはありません。

パラダイスウェア株式会社　橋本 将功

CONTENTS

タスク編

アンチパターン		危険度	頻出度	
01	タスクを丸投げされて壊れる	★★★☆☆	★★★★★	14
02	指示が曖昧で壊れる	★★☆☆☆	★★★★★	19
03	長時間労働で壊れる	★★★★★	★★★☆☆	24
04	プライベートが破壊されて壊れる	★★★☆☆	★★★★★	29
05	マイクロマネジメントで壊れる	★★★★★	★★★★☆	34
06	アウトプットを放置されて壊れる	★★★☆☆	★★★★★	39
07	マイナスの指摘ばかりされて壊れる	★★★★★	★★★★★	44
08	非現実的な締切りを設定されて壊れる	★★★★★	★★★★★	48
09	決まっていない要件や仕様を元にタスクを進めさせられて壊れる	★★★★☆	★★★★★	53
10	実行したタスクがキャンセルされて壊れる	★★★★☆	★★★★☆	57
11	評価が不公平で壊れる	★★★★★	★★★★☆	60
12	責任の重さで壊れる	★★★★★	★★★☆☆	64

	アンチパターン	危険度	頻出度	
13	個人のアイデアや工夫が無視されて壊れる	★★★★☆	★★★★★	68
14	ミスへの過剰な罰で壊れる	★★★★★	★★★★★	73

■ プロジェクトマネジメントの基礎知識（タスク編） ──── 78

プロジェクト計画編

	アンチパターン	危険度	頻出度	
15	プロジェクト失敗への恐れで壊れる	★★★★★	★★★★☆	82
16	朝令暮改で壊れる	★★★★☆	★★★☆☆	87
17	目標の不明確さで壊れる	★★★☆☆	★★★★★	92
18	期待の不明確さで壊れる	★★★★☆	★★★★☆	98
19	非現実的な工数とスケジュールで壊れる	★★★★★	★★★★★	102
20	変更管理の不十分さで壊れる	★★★★★	★★★★★	107
21	プロジェクト方針の変更で壊れる	★★★★★	★★★☆☆	112
22	経営陣の無理解で壊れる	★★★★★	★★★☆☆	116
23	プロジェクトの不確実性で壊れる	★★★★☆	★★★★☆	120

| 24 | 意思決定過程への非参加で壊れる | ★★★★☆ | ★★★☆☆ | 125 |

■ プロジェクトマネジメントの基礎知識（プロジェクト計画編） —— 130

コミュニケーション編

	アンチパターン	危険度	頻出度	
25	コミュニケーションの不足で壊れる	★★★★☆	★★★★☆	134
26	感情的なやり取りで壊れる	★★★★★	★★★★☆	139
27	リモートワークの孤独感で壊れる	★★★★☆	★★★☆☆	143
28	サポート不足で壊れる	★★★★☆	★★★★★	147
29	公私の区別の困難さで壊れる	★★★★☆	★★★☆☆	152
30	組織文化のミスマッチで壊れる	★★★★★	★★★☆☆	156
31	無駄な会議で壊れる	★★★☆☆	★★★★★	161
32	人間関係のトラブルで壊れる	★★★★☆	★★★☆☆	165
33	チーム間の不和で壊れる	★★★★★	★★★★☆	169
34	チームメンバーの離脱で壊れる	★★★★★	★★★★★	173

| 35 | 多文化間の誤解で壊れる | ★★★★☆ | ★★★☆☆ | 178 |

■ プロジェクトマネジメントの基礎知識（コミュニケーション編） ── 184

キャリア編

アンチパターン		危険度	頻出度	
36	キャリアパスの不透明さで壊れる	★★★☆☆	★★★★☆	188
37	キャリア成長の機会の欠如で壊れる	★★★★☆	★★★☆☆	193
38	職務内容と経験・スキルのミスマッチで壊れる	★★★☆☆	★★★☆☆	198
39	メンターシップの欠如で壊れる	★★★★☆	★★★★☆	203
40	プロフェッショナルスキルの成長停滞で壊れる	★★★★☆	★★★★☆	207
41	キャリア変更の際の失敗で壊れる	★★★★★	★★★☆☆	211

■ プロジェクトマネジメントの基礎知識（キャリア編） ── 216

組織・環境編

アンチパターン		危険度	頻出度	
42	労働環境の不適切さで壊れる	★★★★★	★★★☆☆	220
43	無意味な組織変更で壊れる	★★★★☆	★★★☆☆	225
44	社内政治で壊れる	★★★★☆	★★★☆☆	230
45	情報セキュリティ意識の低さで壊れる	★★★★★	★★★★★	234
46	ツールや技術の不十分さで壊れる	★★★★★	★★★★★	239
47	継続的な緊急事態で壊れる	★★★★★	★★★☆☆	244
48	組織の倫理的問題で壊れる	★★★★★	★★★☆☆	249
49	職場のハラスメントで壊れる	★★★★★	★★★☆☆	253
50	価値観の変化に対応できずに壊れる	★★★★★	★★★☆☆	257

■ プロジェクトマネジメントの基礎知識（組織・環境編）─── 262

タスク編

タスク（作業）はビジネスの最小単位です。プロジェクトや新しい業務には前例やマニュアルが存在しないため、やり方が決まっていないことが多く、マネジメントの品質はそのままプロジェクトや事業の成果に直結します。本編では、タスクマネジメントのアンチパターンと正しく実践するための基礎知識をご説明します。

アンチパターン
01

タスクを丸投げされて壊れる

危険度 ★★★☆☆　頻出度 ★★★★★

「タスクの丸投げ」がもたらすデメリットとリスク

普段のプロジェクトの現場で最もよく見るマネジメントの失敗事例は「タスクの丸投げ」です。タスクの丸投げは6W2H、すなわち**「何の作業（What）を、何のために（Why）、誰が（Who）、誰に（Whom）、どこで（Where）、いつまでに（When）、どのように（How）、どれだけ（How much）やるべきなのか」に関する指示が抜けている**ことで起こります。

たとえば、メールやチャットで「あれやっといて」と言われたり、打ち合わせの流れで「これ来週までにやっといて」のような簡単な指示をされると、担当者はタスクに関する前提条件や制約事項、具体的な進め方や期待されるアウトプットの方向性がわからないまま作業を行うことになり、不安を抱えて作業を実施することになります。

もちろん、タスクを進めるための情報が足りない場合はそれを自発的に確認することが担当者にとって「正しい仕事の進め方」ですが、それは世間一般的に、タスクの進め方を理解している高いレベルのスキルに属します。そうしたスキルレベルが高い人材や、長年一緒に働いてきた「ツーカー」の間柄の相手なら丸投げでも通用するかもしれませんが、それ以外の相手には通じないことをまず理解しておく必要があります。

品質とやる気の低下を招く「タスクの丸投げ」

指示が曖昧な状態でタスクを進めると、**担当者は何を求められているのかが正確にわからないため、必然的にアウトプットの品質がタスクを指示した側から見て不十分なものとなる**ことがしばしばあります。そし

て、アウトプットの品質を高めるためにネガティブなフィードバックを返されると、担当者は困難を解決したにもかかわらずマイナスの評価を返されたと感じて、自信を喪失したり、マネージャーに対し不信感を抱くことになるでしょう。

これが続くと、担当者は仕事に対するモチベーションを失ったり、メンタルに不調をきたしたりすることになります。さらに、タスクの丸投げが常態化すると、タスクの担当者はできるだけネガティブなフィードバックを避けようとして、積極性を発揮せず言われたことしかやらなくなったり、作業の進め方やアウトプットの方法について自身で考えて創意工夫しようとしなくなったりします。

タスクを渡す側にとっては丸投げしたほうが注意力や説明の時間を必要としないため、短期的にはマネジメントコストを減らすことができますが、丸投げがもたらすデメリットによって、**中長期的にはチーム全体のモチベーションが下がり、アウトプットの品質も安定しなくなってトラブル対応が増えて、マネジメントコスト**が増大するリスクを抱えることになります。常にトラブル対応に追われているマネージャーは部下やメンバーへのタスクの渡し方が雑で丸投げになっていることがしばしばあるのです。

「タスクの丸投げ」と「仕事を任せること」の違い

タスクの渡し方が不適切な場合、アウトプットが期待と異なるためにマネージャーがそのタスクを引き取って実施してしまうことがあります。これでは、ただでさえ期待される役割や業務量の多いマネージャー自身がパンクしてしまう可能性があります。

組織からマネージャーとしての役割を期待されているのに、プレイヤーとしての価値しか発揮できていない場合はこうしたパターンに陥っていることがよくあります。当人がいくら優秀でも一人が実施できる業務量には限界があるため、**マネージャーがタスクを引き取るようになってしまうと、チーム全体のアウトプットの量を大幅に制限してしまうことになります**。さらに、業務量とアウトプットの質に対するストレスで自分自身が病んでしまうかもしれません。

　チームの可能性を引き出すには、各メンバーが意欲を持ってタスクに取り組み、創意工夫を発揮できるようにするため、「仕事を任せること」が必要ですが、それには適切なタスクマネジメントを実施する必要があります。「タスクを丸投げする」のと「仕事を任せること」の違いは、**適切な指示があるかないか**です。

タスク編

正しいマネジメントの方法

　タスクを丸投げにせずに適切に担当者に渡すには、6W2Hを意識すると良いでしょう。**「何の作業（What）を、何のために（Why）、誰が（Who）、誰に（Whom）、どこで（Where）、いつまでに（When）、どのように（How）、どれだけ（How much）やるべきなのか」を丁寧に伝える**ことが基本です。タスクを渡す側がこれらの情報を全て把握していないことはしばしばありますが、それは決して悪いことではありません。**タスクを任せる相手を信頼して、相談しながら情報を詰めていく**ようにすると良いでしょう。

　また、タスクを渡す際に重要なのは「相手に敬意を持つこと」です。説明の心理的負荷や思うように意図を伝えられないことでイライラしてしまうことは誰にでもありますが、それを態度に出さないようにしましょう。**立場や気が弱い人は立場が上の人がイライラしていることを感じるだけで、追加の質問や問い返しを控えてしまう**ことがあります。これはタスクの丸投げと同様のデメリットを生じさせる原因となるため、タスクを振る際は、リレー走でバトンを次の走者に渡すような感覚で、常に丁寧さを心がけましょう。

　こうした適切なタスクの任せ方を継続的に実施することができるようになれば、担当者は作業を通じて成長し、創意工夫を作業に反映させながら、モチベーション高く仕事をこなすことができるようになるでしょう。これはチーム全体のアウトプットの品質も向上させ、マネージャー自身の負荷を大きく下げることにもつながります。

アンチパターン
02

指示が曖昧で壊れる

危険度 ★★☆☆☆　　頻出度 ★★★★★

プロジェクトでは「言わぬが花」は通じない

　普段、我々はあまり明確に物事を文章で表現しません。特に日本語は省略の多いハイコンテクストな言語であるとも言われ、言葉そのものよりも、相手と共有している知識、社会的な暗黙の了解、その場の雰囲気などがコミュニケーションの要素として重視されています。その価値観は「言わぬが花」や「沈黙は金」などの言葉で表現され、短歌や俳句などの芸術にもつながっています。いつも顔を合わせる仕事仲間の間では「わざわざ言わなくてもわかっているよね」という空気が形成されており、それを察知して行動することを良しと捉える人は多いでしょう。

　こうしたコミュニケーションの考え方は決まった物事を同じ相手と繰り返す際には効率的で、やり取りが成立した際にはお互いの信頼関係を強化することができますが、**プロジェクトなどの新しい取り組みの際は大きな失敗の原因となります**。たとえば、いつもやっている仕事を依頼する際は上司の「あれやっといて」という指示で十分伝わるかもしれませんが、プロジェクトのタスクを依頼する際は曖昧な指示では細かい内容が伝わらないため、指示される側が何をやればいいのかがわからず、モチベーションを失ったり、指示した人に不信感を抱いたり、本来の目的とは異なる作業を実施したりしてしまうことがあります。

　特に権力勾配（立場の力関係）が強い関係性では、**作業者が内容の詳細や他のタスクとの優先順位について指示者に確認しづらい状況となりやすく、また指示者も「これで伝わるだろう」と甘えが生じやすいために行き違いが発生しやすくなります**。指示の意図や内容が適切に伝わらないと、作業のアウトプットの品質が低いためにやり直しとなったり、不十分な要件定義資料が後々の設計や実装タスクに影響するなど、プロ

ジェクト全体にネガティブな影響を与えることとなります。

手戻りと責任転嫁を防ぐ

「手戻り」と呼ばれるタスクのやり直しは、予算（特に人件費）やスケジュールの制約があるプロジェクトではスケジュールを食いつぶす理由となるため、**指示の精度は常に一定のレベルを維持する**必要があります。半年程度のプロジェクトでも数百程度のタスクを実行しなければならないことは一般的ですが、指示の精度が高い場合と指示の精度が低い場合とでは全体の工数（作業量）に数十％以上の差が出ることがしばしばあり、これがプロジェクトの炎上や失敗の原因となります。つまり、**10人月（10人が一ヶ月分取り組んだ際の業務量）の工数が13人月や15人月になったりすることがあり、これはプロジェクトの予算やスケジュールに重大な影響を与える**ことになるのです。

また、指示が曖昧なために作業のアウトプットが低かった場合に、その責任を作業者の責任に転嫁するようなことがあると、作業者は仕事へのモチベーションを失ってタスクをこなすことに消極的になるでしょう。また、作業者への責任転嫁が積み重なっていくと、心理的な負担となってメンタルのバランスを失ってしまったり、離職への動機となったりします。

曖昧な指示はリーダーの甘え

「正確な指示出し」を意識して実行してみると、日々の多忙な状況の中で正確な指示を出すことの難しさが理解できるでしょう。自分が作業者だった頃は上司やリーダーに不満を抱えていたはずが、自分も同じよ

うなことをやってしまっていることに気がつくかもしれません。「正確な指示出し」は経験とスキル、安定した精神を必要とする専門的な技能なのです。

　前述の通り、指示の正確さはプロジェクト全体への影響が大きく、また作業者のメンタルヘルスに与える影響も軽視できません。たとえば、10分の時間を取って丁寧に説明することで、何時間もの作業効率の改善に寄与したり、そうした丁寧な指示を続けることで、メンバーのモチベーション喪失やチームの立て直し、プロジェクト計画の見直しが発生しないようにしたりすることができるのです。

　「正確な指示出し」は指示を出す側のプロジェクト全体に対する責任であるという自覚を明確に持って取り組んでいくことが求められます。

正しいマネジメントの方法

　正確なタスクの指示を行う際は、「01 タスクを丸投げされて壊れる」でも説明した6W2Hを意識すると良いでしょう。「何の作業（What）を何のために（Why）、誰が（Who）、誰に（Whom）、どこで（Where）、いつまでに（When）、どのように（How）、どれだけ（How much）やるべきなのか」をできるだけ言葉で表現するように努めましょう。

　メールやチャットなどで指示を出す際は、送信ボタンを押す前に文章を見返して、主語や述語、目的語などが抜けていないかをチェックする習慣を身につけると良いでしょう。**既に送ってしまった指示に足りていない要素があることがわかった場合、相手が誤解する前に追加でメッセージを送るようにする**と、指示に関する情報を補完することができると同時に、相手に「丁寧なコミュニケーションを取ってもらっている」という印象を与え、信頼感の醸成につながります。

　また、タスクの指示者が指示内容に十分な情報や自信を持っていないこともしばしばあります。不確実な時代に実施する新しい取り組みについて、リーダーであっても正確な答えを持っているとは限らないのは当然のことです。たとえば、タスクに必要な作業量はどれくらいなのか、アウトプットの方向性は適切なのかといった見解については、作業者のほうが知見を持っているケースは珍しいことではありません。こうした場合は、**できるだけ対面での打ち合わせやオンラインミーティング、通話など、双方向のコミュニケーションができる方法でタスクの依頼をすると良いでしょう**。相手の反応や見解を確認しながら、協力してタスクの詳細を詰めていくのです。

　リーダーはプロジェクトの遂行に関する責任を持ち、タスクの生産性や効率性をチーム全体で高めていく、そのためにマネジメントを実施するのだという考え方を持つことが求められるでしょう。

アンチパターン
03

長時間労働で壊れる

危険度 ★★★★★　頻出度 ★★★☆☆

現代の長時間労働は見えにくい

タスク編

　「プロジェクト」という単語で最も連想される単語は「炎上」かもしれません。「プロジェクトの失敗・炎上を経験したことがある」と回答したプロジェクトマネージャーが64%にも上る調査があるほど、ビジネスの現場ではプロジェクトの炎上は頻繁に発生します。さらにプロジェクトの実行体制が確保されていない企業では、ほとんど日常茶飯事といえるほど炎上が常態化しているケースもあります。こうした組織では残業や持ち帰り仕事、休日出勤が頻繁に行われ、**それが「異常なこと」であるという認識すらないことがあります。**

　昨今では労働環境の改善に対する社会的な認識も向上しており、経営者から「残業や休日出勤の禁止」が指示されることがあります。しかし、業務量が軽減されていないにもかかわらず残業や休日出勤が禁止されるようになると、いわゆる「隠れ残業」が行われるようになって、マネジメント側が社員の業務実態を把握できない事態にも発展します。また、管理職は36協定（労働基準法36条を根拠とする、時間外労働・休日労働に関する労使協定）に該当しないからといって、管理職が社員の業務を巻き取って残業や休日出勤を行って疲弊してしまうケースもしばしば見られます。

　さらに、リモートワークやハイブリッドワークが普及している現代では、長時間労働やプロジェクトメンバー間の業務量の偏りはより一層見えづらいものになっています。ある日突然プロジェクトメンバーがギブアップしないよう、**誰にどのような負荷がかかっているのかを正確に把握する**ことが必要です。

炎上は百害あって一利なし

　誰しも経験があることだと思いますが、長時間労働は注意力や集中力の不足をもたらすため、生産性の低下につながります。つまり、労働時間を増やしても効率が大幅に下がるため、増やした分だけの成果を得ることは極めて難しいのです。また、プロジェクトのようなチームワークを必要とする仕事では、**長時間労働のストレスがリーダーやチームメンバー間での不要ないざこざを多発させて、チーム全体の生産性をさらに低下させる**といった事態にもつながります。

　プロジェクトの炎上はしばしば先が見えないこともあり、蓄積する疲労と職場環境の悪化によるストレスが、休職や離職といった、プロジェクトを超えて組織にかかわる致命的な事態をもたらすことがあります。超人手不足の昨今では採用にかかるコストや時間は極めて大きく、現場で活躍できるリーダーやメンバーの離脱は事業レベルでのマイナスになるのです。マネジメントする立場の心得として、プロジェクトにおいて「炎上は百害あって一利なし」と理解しておきましょう。

ストレス耐性には個人差がある

　多くの炎上プロジェクトを観察していると、人が持つストレス耐性は個人差が大きいことがわかります。たとえば、ある人は一ヶ月の長時間労働で多くの精神的・肉体的ダメージを受けているのに、別の人は半年間でも耐えられる、といったようにです。しかし、**ギブアップまでの期間は個人差があっても、長時間労働がもたらす生産性への影響はそれほど変わりません。**

長時間労働が常態化している組織では、「タフであること」を良しとする風潮があることがあります。たとえば、「残業続きでも平気で毎日朝まで飲みに行く」ことを誇らしげに語ったり、そのことが周囲に評判として広がったりするようなケースです。しかし、こうした人でも日々の仕事における判断の質や作業量を精査してみると、大きく生産性が下がっていることがわかるでしょう。**タフさを誇る文化があるということは、適切なマネジメントが行われていない証拠でもあります。**

　プロジェクトでは状況によって過重労働にならざるを得ないことがありますが、長時間労働がもたらすチームの生産性や個人のQOL（生活の質）への悪影響は避けられないため、長時間労働は短期間に限定して実施する「奥の手」として考えるようにしましょう。

> タスク編

正しいマネジメントの方法

　長時間労働はプロジェクト計画の不適切さによって発生します。正しいプロジェクト計画の手順は次の通りです。

①要件定義を行って**「プロジェクトで実施すべきこと」**を検討して明確にする

②見積りでそれぞれの要件を実現するために**「誰がどれくらいタスク（作業）を行う必要があるか」**を積み上げて全体の工数を算出する。人件費が費用の大半を占めるプロジェクトでは、これが予算のベースとなる

③タスクの前後関係から**「どれくらいの期間が必要なのか」**を明確にする

　しかし、実際のビジネスの現場では、プロジェクトは事業からの要請や意思決定者の「これぐらいでやってほしい」という願望に基づいて予算や納期が条件として設定されることがあります。こうした条件が適切なプロジェクト計画と大きく乖離している場合は、開始時点でプロジェクトが破綻してしまうことになります。

　たとえば、本来は30人月（人月：作業者が一ヶ月間フルタイムで実施した際の作業量）が必要なプロジェクトを実施する際に、意思決定者の願望によって15人月の想定で始められた場合、実施できる作業量が半分程度になってしまうため、合意された要件を実現することは困難です。プロジェクトの進行に伴って遅延が目立つようになり、それを取り返すために長時間労働が行われて炎上し、生産性の低下やメンバーの離脱などより深刻な事態を引き起こしてしまいます。長時間労働が常態化している場合は、**傷口を広げる前にプロジェクト計画の見直しを行う**ようにしましょう。

アンチパターン
04

プライベートが破壊されて壊れる

危険度 ★★★☆☆　頻出度 ★★★★★

タスク編

公私のメリハリをつける

インターネットが普及した現在では、物理的な環境を越えて情報をやり取りすることができます。自宅にいながらにして仕事をすることもできますし、地球の裏側とリアルタイムでコミュニケーションをすることも可能です。そういった利便性の一方で、チャットやメール、タスクマネジメントツールなどのオンラインツールはオフィスの入退室のように受け手がオンなのかオフなのか見えづらいという特徴があります。時間差でやり取りすることもしばしばあり、その場合はメッセージの送り手が送信後に「返信待ち」の状態になります。こうした状況では、オンラインでの細かい情報のやり取りは、**真面目な人ほど「返信しなければ」という心理的負荷になりやすく、しばしば業務時間終了後や休日のプライベートを侵食してしまう**ことがあります。

曖昧な要求を具体的な業務やシステムなどの形にするプロジェクトに取り組んでいる際は、仕事をしていなくてもプロジェクトのことを考えてしまうことがあります。さらにそこに実務上のコミュニケーションが業務時間外も食い込んでくるようになると、**人の思考は仕事のことから離れられなくなってメンタルが疲弊したり、パートナーや家族など、周囲にいる人とのプライベートな時間や空間、関係性を毀損してしまう**可能性があります。

終身雇用の神話が終わった現在、かつてのように「会社に人生を捧げていれば何とかなる」時代ではなくなっており、心身の安定やプライベートの人間関係は、個人にとって人生の支えとなる非常に重要なものです。それらは企業が報酬や昇進で代替したり保証したりできるものではありません。企業は社員や外部のベンダー、パートナーに対して、プ

ライベートを毀損しないマネジメントを行う必要があるのです。

タスク編

「形だけのやる気」を評価しない

　業務連絡が個人のプライベートに侵食することが当たり前になっている組織では、業務時間外のメールやチャットの返信を「やる気がある」とみなす文化が形成されていることがしばしばあります。しかし、こうした文化では時間外の対応をすることが「ポイントを上げやすい」と認識されるため、わざわざ深夜や早朝にメールやチャットを送る人が出るようになります。これが組織に広がると、業務とプライベートの垣根がどんどん崩れていって、長時間労働や休日作業が蔓延し、チームや組織全体の仕事の効率は下がっていきます。

　また、時間の融通が利きやすい独身の人が評価されやすくなり、パートナーや家庭を持つメンバーとの評価にも乖離が出て、組織の人員構成のバランスも崩壊しやすくなるでしょう。さらに、仕事とプライベートのバランスが重視される現在では、**こうした文化は採用のハードルにもなり、人材の定着率にも影響が出る**可能性があります。

頻繁な時間外連絡は「オオカミ少年」を生む

　時間外の連絡をする人は経営層や組織の管理職、プロジェクトマネージャーなどリーダークラスの人が多くなりますが、そうした人は責任感からくるプレッシャーや多くの事業課題、調整事項を抱えているために、「今連絡しないと忘れてしまう」や「早く対応してほしい」との心理から連絡をします。しかし、それが翌日や週明けの業務時間でも対応できるものであれば、**連絡をしても相手の対応を急かさないことが重要**

です。

　また、業務がプライベートを侵食することが当たり前になっている組織では、緊急時の対応や体制を取ることが難しくなります。あたかも「狼が来た」と嘘の警告を繰り返したことで本当に狼が来たときに信じてもらえなかった「オオカミ少年」の寓話のように、**通常の業務連絡が時間外でも行われていると、受け手側もそれを「緊急のメッセージ」だと認識しづらくなる**のです。

　さらに、時間外対応を率先して実施する人に頼る状態が形成されていると、緊急時対応のマニュアル化やカバー体制などの仕組み化ができていないために、その人が潰れたり、離職したり、休暇を取ったりしている際に他の人がどうすればいいのかわからないという状態に陥ってしまいます。突然のトラブルに対応できる組織にするためにも、公私のメリハリをつけて緊急時対応の仕組み化を行う必要があるのです。

正しいマネジメントの方法

　公私のメリハリをつけるために最も重要なのは、**コミュニケーションルールを明確化**することです。現在、ほとんどの企業ではメールやチャットが浸透していますが、それらをただ道具として導入すると、プライベートを侵食し、人材の安定性や組織の緊急対応力を削ぐ文化を形成してしまう可能性があります。適切な業務連絡を行い、健全な組織文化を形成するうえで重要なポイントは次の通りです。

- メールやチャットの即時対応は**業務時間内**に留める
- メールやチャットの**時間指定送信機能**を活用する
- 業務時間外に通常の業務連絡をする場合は「報告」「共有」などを冒頭に入れたり、「急ぎではありません」や「時間外に失礼します」などのエクスキューズを入れて**即時反応を促さない**ようにする
- チームで対応を行う物事に関しては、できるだけDM（ダイレクトメール）ではなく、**多くの人が見るチャンネルや同報（複数の宛先を指定する）機能**を利用する
- **誰宛でいつまでに対応する必要があるのか**を明確にする（アクションが必要な人をtoやメンション・通知の対象に設定し、それ以外の人はccなどを利用する）
- 緊急時の連絡方法と緊急時の対応を行う担当者の待機シフトを決めて、その連絡が入ったら**緊急事態であることがわかるようにする**

　これらのポイントを明文化して組織やチームに共有しておくことで、メンバーは「いつ連絡が入るかわからない」と怯えながらプライベートの時間を過ごすことなく、心身や人間関係を保ってリフレッシュしながら安定的にパフォーマンスを発揮することができるようになるでしょう。

アンチパターン
05

マイクロマネジメントで壊れる

危険度 ★★★★★　　頻出度 ★★★★☆

今の時代はマイクロマネジメントに陥りやすい

タスク編

　急に昇進したり、リーダーに抜擢されたりしてマネジメントを行う立場になると、人は不安に駆られます。責任を負うべき自分の部署やチームの目標を達成するために、部下やメンバーが適切にアウトプットを出せるのか、それに対して上司やチームリーダーである自分自身が何をするべきなのかについて苦悩するからです。また、昨今では人手不足から自身もプレイングマネージャーとして手を動かして足を使わなければならないという状況に置かれ、精神的な余裕がないことも多いでしょう。こうした状況で発生しやすいのがマイクロマネジメントです。

　マイクロマネジメントとは**「上司やチームリーダーが部下の業務を細かく管理するマネジメントスタイル」**を指します。たとえば、部下やメンバーを監視状態に置き、業務の進捗状況や進め方を一日中チェックしたり、どのように仕事を進めるか、どんな方法を用いるかまで細かく指示を出したりすることです。マイクロマネジメントは実施する相手や組織に中長期にわたる悪影響を与えますが、実施している側（上司やリーダー）は自分の部署やチームのアウトプットの品質を担保したり、部下やメンバーの教育を行ったりしているつもりで、**言わば「善意」で行っているために、その悪影響や修正方法に気づきにくいのが特徴**です。

マイクロマネジメントの悪影響

　マイクロマネジメントは部下やメンバー、組織に次のような悪影響を生じさせる可能性があります。

● 部下やメンバーの自主性が失われるため、人材が育たない

35

- 部下やメンバーのモチベーションが下がり、パフォーマンスの低下や離職の原因となる
- 部下に精神的なストレスを与え、ハラスメントとして認識されるリスクがある
- 上司自身の業務量が増え、より本質的な役割である育成や戦略の策定などの業務に取り組めない

　人は一挙手一投足に細かく指示を出されるようになると自分の頭で考えなくなり、言われたことをこなすことだけに専念するようになります。また、自分の判断や試行錯誤によって成功や失敗を経験しなくなるため、スキルや実務経験が身につかなくなります。これが継続していくと、何年経っても上司やリーダーから指示がないと動けなくなり、事業を発展させる自律的な人材が育たなくなってしまいます。

　また、もともと自主性が高い素質を持つ人材は自分自身で考えて動くことを望むため、マイクロマネジメントによって考えや行動に口出しをされるようになると、モチベーションが低下してより自発的に行動することができる環境を求めて異動願いを出したり、転職したりしてしまいます。上司やリーダーが「あんなに面倒見てやったのに他所に行きやがって」と愚痴を口にするのを耳にすることがありますが、それはマイクロマネジメントが原因にあるのかもしれません。

　さらに、マイクロマネジメントによる細かい指示出しはコンプライアンスの意識が高い現代においては「ハラスメント（相手を不快にする言動や行為）」と認識される可能性もあります。マイクロマネジメントを行うマネージャーは良かれと思って「正しい考え方」や「正しい仕事の進め方」を伝えますが、その際に相手の考え方や仕事の進め方を否定す

る形になることで、それがハラスメントと受け取られるのです。**特に、プレイヤーとしての能力が評価されてマネージャーになった人の場合は自身のプレイヤーとしてのスキルが高いために指示が細かく、自分が良しとする方法以外の進め方を否定してしまう傾向にあります。**

　より深刻な問題は、マネージャーがマイクロマネジメントによって部下やメンバーに任せるべき作業レベルの仕事に多くの時間と注意力、労力を割いてしまうことで、本来やるべき仕事が行われずに組織の成長力が削がれることです。本来マネージャーに求められる役割は、プレイヤー（作業）レベルでの業務ではなく、上層部が考える戦略を実現する体制や仕組みづくり、ビジネスの現場から出てくる課題や新しい展望を吸い上げて上層部が行う戦略立案のサポートを行うことなのです。

正しいマネジメントの方法

　マイクロマネジメントの一番の問題は「人」を管理しようとすることです。**自分自身が正しいと思うやり方を相手に当てはめてしまうために多くの問題が発生します**。組織やプロジェクトには多くの人間が関わり、膨大な数の仕事が発生します。その仕事の方法をすべて型に嵌めようとするために、その手段として手近な人をコントロールしようとしてしまうのです。しかし、その方法では前述の通りマネージャー自身の時間と意識、労力が奪われてしまうため、結果的にコントロールしきれなくなる可能性が高くなります。

　適切なマネジメント方法は**人ではなく、プロセスをマネジメントする**ことです。適切な期間を定めて、必要な目的や目標が達成されているかどうかを確認する時間を設け、その際に**相手の考え方や抱えている課題、進捗状況を確認し、マネージャーとして必要な措置（他部署や顧客との調整や交渉など）を講じる**ようにすることで、プロセスをマネジメントするのです。部下やメンバー、または作業が多い場合は定例の際に多くの時間を使わないようにするために、ツール（スプレッドシートやタスクマネジメントツール）を活用すると良いでしょう。

　また、報告を受ける際は相手の考えを頭から否定しないことも重要です。**仕事の進め方は唯一の正解があるようで、実はそうではないことも多々あります**。たとえば、マネージャーがプレイヤーだった時代には適切だった進め方が、時代（顧客の意識や環境）の変化によって適切ではなくなっている可能性もあります。ビジネスは人と人が進めるものであるため、Aという顧客では正しかった対応が、Bという顧客では部下やメンバーが考える方法のほうが適切かもしれません。まず相手の考えをよく聞いて、妥当な場合はどんどん取り入れると、相手はより意欲的に働けるようになるでしょう。

アンチパターン
06

アウトプットを放置されて壊れる

危険度 ★★★☆☆　　頻出度 ★★★★★

タスク編

現代の労働は精神労働

　現代は単純なルーチンワークで企業が利益を出したり、競争相手に打ち勝っていくことが難しい時代です。サービスや商品を提供する際には、そこに顧客が評価できる「付加価値」が求められるようになっているのです。この付加価値を生み出す労働には、多くの試行錯誤が必要とされ、頭脳労働というよりは「精神労働」と呼べるようなものになっています。

　特に、より高い付加価値を生み出すために、新規事業などで競合他社や業界全体でまだ他に類のない取り組みを行おうとする場合は、それらを実現するための検討やアウトプット作成作業は「正解のない物事への取り組み」になるため、**担当者は多くの不安や葛藤を抱えながら実施することになります**。しかし、そうして取り組んだ成果としてのアウトプットが評価されることなく放置されると、作業を行った担当者はモチベーションを大きく低下させることになります。

新しい取り組みを行う際はリスクを取る必要がある

　世の中では一般的に行われている取り組みでも、自社で前例がない場合、それを実行する担当者はリスクを取りながら仕事を進めることになります。特に**既存業務が仕組み化されていて「成功することが当たり前」という考え方が支配的になっていたり、個人の成果や評価が出世競争に強く影響したりする社内文化の組織では、成功するかがわからない取り組みに対する理解が低い**ことがあります。こうした組織では、新しい取り組みで失敗すると、評価を大きく下げることになったり、周囲から批判を浴びたりするリスクを抱えることになるため、挑戦する人はより多

くの精神的な負荷を受けます。

　特にプロジェクトとして数ヶ月から数年にわたる取り組みを続ける際は、売上や利益のような形で実績として明確な成果が出るまでに長い時間がかかるため、作業一つ一つのアウトプットに対する評価を得られない場合に、担当者が慢性的に空虚さを抱えることになります。これが解消されない場合、モチベーションやメンタルの維持が困難となって最終的に「燃え尽き症候群（過度なストレスや負担が長期間にわたって続くことによって引き起こされる心身の疲弊状態）」の原因の一つとなることがあります。

　長期間のプロジェクトで、大きなトラブルを抱えることなく順調に仕事をこなしていたように見えていた人が急に会社に来られなくなり、リタイア状態になってしまうケースがしばしばありますが、これは「何のために日々心を砕いて仕事をしてきたのかわからない」という心理状態が誘因となっていることがあります。

「仕事だから黙ってやれ」で人は動かない

　担当者のアウトプットに対して適切なフィードバックを示さないマネージャーは、しばしば「仕事だから黙ってやれよ」や「仕事の成果は精度が高くて当たり前」という考え方を持っていることがあります。特に叩き上げで黙々と作業を行って成果を出してきた人は無意識にそういった考えを持っており、それが部下やメンバーへの話し方や態度に出る傾向があります。他人から細かいフィードバックを与えられなくても新しい取り組みを行って成果を出す人は、そこが評価されてマネージャーに抜擢されることもあるため、理解しづらいことかもしれません

が、**多くの人にとってはうまくいくかどうかわからない取り組みをフィードバックなしで継続することは難しいことなのです。**

また、適切なフィードバックが提供されない背景には、マネージャーと担当者の「目線」の違いも大きく影響します。作業を行う担当者が仕事をする際に最も気にするのは「自分の仕事（アウトプット）がどのように評価されるか」ですが、マネージャーが最も気にするのは、自分がマネジメントするプロジェクトや部署が最終的に提示する業績（売上や利益など）や成果（業務フローの整備やWebサービス、アプリなどのITプロダクトのリリースなど）になるでしょう。

つまり、**マネージャーにとってはプロジェクトの成果はあくまでもスタート地点に過ぎませんが、関わっているメンバーにとってはそこにたどり着くまでのプロセスが自分自身のモチベーションやキャリア設計の維持と形成に極めて重要な要素となる**のです。そして、この目線の違いがアウトプットに対するフィードバックの欠如につながるのです。

正しいマネジメントの方法

タスク編

　プロジェクトなど中長期にわたって明確な成果が得づらい取り組みに必要なマネジメントは、それぞれの担当者が提示するアウトプットに対して**あまり時間を置かずに随時フィードバックを行うこと**です。このフィードバックはメールやチャットで「ありがとう！ 今時間取れないから後で見ておくね」「いい感じ！」とテキストで返すことや、絵文字のリアクション、スタンプなど、**軽いものでも問題ありません**。まずはアウトプットを受け取ったことを明確に相手に示すことが重要です。

　担当者はアウトプットを提示してからフィードバックまでの時間が空くほど、また作業時の迷いや不安が強いほど、次第に「作業の方向性が間違っていたかもしれない」「マネージャーが求めるものと違うものを出してしまったかもしれない」と不安になりやすく、そこから疑心暗鬼に陥ってしまうことがあります。アウトプットの中身についてのフィードバックは適切なものを返す必要がありますが、**まずはアウトプットを受け取ったことを意思表示することで、作業者に「自分の作業は無駄ではなかった」ということを感じてもらえることが重要なのです**。これが次の仕事へと思考を切り替えるきっかけとなります。

　マネージャーはメンバーの連絡を受けて一旦アウトプットを受け取ったことを示したうえで、落ち着いた状態でゆっくり時間を取ってその内容を精査し、できるだけ丁寧な表現で承認や修正の指示について回答するようにしましょう。一度受け取った意思を示しておけば、時間が多少空いても問題ないため、その後対面で会話できる時間にフィードバックを行うことで、より意思が伝わりやすく、担当者のモチベーションの維持や向上に寄与するでしょう。

アンチパターン
07
マイナスの指摘ばかりされて壊れる

危険度 ★★★★★　頻出度 ★★★★★

減点方式は意欲を削る

AmazonやGoogle Map、ゲーム、アプリなどのレビューについて、ネットでしばしば話題になるのが、「日本人の評価は辛い」というものです。他の多くの国では強い不満がなければ星5を付けられるのに対し、日本では満足している内容のレビューでも星4や星3が付けられ、一つの不満があるだけで吐き捨てるように星1のレビューが付けられる傾向があると言われています。大内範行氏は「日本人の評価が辛いぞ問題」というコラムで、グローバル企業における満足度調査でも同様の問題にぶつかり、その背景として日本には「松竹梅」の文化があるために真ん中の評価を選びやすいこと、また学校教育において「通信簿」で評価されることに慣れており、極めて優秀でなければ「5（よくできました）」を取ることができないのが一般的な認識になっていることを挙げています。

つまり、**日本人は受けてきた教育や文化的な考え方から、評価を行う際は無意識に減点方式を採用する傾向が強いといえます。**

この傾向はビジネスの現場でも多く見られ、「マネージャーやリーダーからネガティブな評価や至らない点の指摘を頻繁にされることはあっても、達成した物事について褒められたり感謝されたりすることはない」という状態を生み出しています。当然、これはモチベーションの維持や向上にはつながらず、慢性的にこのような状態になると、不満が積み重なってメンタルヘルスのバランスを崩してリタイアしたり、離職したりする原因の一つとなります。また、「頑張って仕事をしてもどうせ評価されない」という認識につながると、リタイアや離職にはつながらなくとも、**ネガティブな評価を受けるのを最小限にするためにリスクがある仕事を回避する**ようになります。

プロジェクトのように正解がない取り組みや、社内にまだ前例がない

取り組みが進まない組織では、しばしばフィードバックがネガティブなものばかりになっていることがあり、リスクを取ることを回避する社内文化が形成されてしまうのです。

今はフィードバックの方法を変えるタイミング

　日本では減点方式の評価が一般的であるという傾向に加えて、日本社会が置かれてきた時代背景もビジネスにおいてネガティブなフィードバックを受けやすい要因の一つです。日本ではこれまで「失われた30年」という長い経済の停滞期を多くの企業が経験してきており、ビジネスの現場でも高い水準のノルマを達成できない場合に減点されることに慣れてしまっていたり、決められた業務マニュアルに沿っていない場合にミスとして叱責されたりすることで、「いかに失敗を防ぐか」に腐心するようになっているのです。

　また、経済成長が見込めない状況では、コストカットが組織の運営において重視されます。多くの企業において、それは人材や待遇も例外ではありません。人員削減や待遇を抑えるための理由として人事評価が用いられるため、マネージャーからの評価はプラスの評価につながるポジティブなフィードバックは控えられ、ネガティブなフィードバックが多くの割合を占めることになります。こうした状況が長年続いてきたため、日本の会社員は働く意欲を失ってしまっているのです。Gallup社がまとめた「State of the Global Workplace: 2023 Report」によると、日本における仕事への熱意や職場への愛着を示す社員の割合は、2022年でわずか5％と世界最低水準（世界平均は23％）とされています。これは社員20人中およそ1人しか仕事に熱意を持っていないということであり、かなり深刻な数値といえるでしょう。

46

正しいマネジメントの方法

タスク編

　日本では「評価に対する考え方」と「長い経済的な停滞」という2つの大きな要因が、仕事において無意識にネガティブなフィードバックが多くなりやすい状況をもたらしています。超少子高齢化の現代においては、この環境を変えなければ希少な人材を維持したり、個人の意欲を高めて労働生産性を上げて他社との競争に打ち勝ったりすることはできません。

　ネガティブなフィードバックが蔓延し、「進んで新しい仕事を実施してリスクを取ることが損である」という社内文化を変えることは難しくても、自分の行動を変えていくことはできます。まず個人で明日からすぐにできる方法としては、「ネガティブなフィードバックの割合を減らすこと」が有効です。部署やチームで仕事をする際は部下やメンバー個人個人のアウトプットの方向性や品質が高いものである必要があります。そこで、「ダメ出し」という形でネガティブなフィードバックをすることは避けられませんが、**その際に相手から見てネガティブな評価ばかりにならないようにすることがポイント**です。

　たとえば、提出されたアウトプットに対して、「ここがすごく良かった」と相手の努力や創意工夫を認めたうえで、「この部分は修正が必要だから直してほしい」や「この部分は方向性が違うからこう変更してほしい」と、**ポジティブな評価とネガティブな評価をセットにして伝えるようにする**のです。完璧主義者のマネージャーはしばしば「褒めてるつもり」や「態度で示しているつもり」と考えていることがありますが、明確に言葉にしなければ相手に伝わりません。必ずポジティブな表現とセットで伝えるようにするとフィードバックのバランスを保ちやすくなります。

アンチパターン
08

非現実的な締切りを設定されて壊れる

危険度 ★★★★★　頻出度 ★★★★★

正確なスケジュールを作成できる人は多くない

タスク編

　私が多くの企業でプロジェクトを行っていて驚くのは、正しいスケジュールの立て方を知っている人は多くない、という現実です。しばしば目にするのは、**組織の上層部の「これぐらいまでにやってほしい」という要望や会計年度、社内政治によって根拠のない「締切り」が設定され、そのゴールに間に合うように見える形だけのスケジュールが作成されてプロジェクトが動き始める**という光景です。

　本来、スケジュールは現実的な工数（作業時間）の積み上げとタスクの前後関係によって設定されるものであるため、根拠に乏しいスケジュールのしわ寄せは現場にくることとなります。これはプロジェクトの「炎上」の原因となってメンバーの残業や休日出勤などにつながり、それぞれの個人の生活や健康、仕事へのモチベーションに深刻な影響をもたらします。また、担当者は精神的・体力的負荷から注意力が散漫となりミスやトラブルを頻発するようになって、その対応にもより多くの時間が割かれるようになります。余裕のある状態なら難なくできることでも、プレッシャーの強い状況下では思い通りにいかなくなるという経験は誰にでもあると思いますが、非現実的なスケジュールはそうした状況を長期間形成してしまうのです。通常の見積りによってスケジュールを立てていれば無理なく進められたプロジェクトでも、**願望による非現実的なスケジュールによってミスやトラブルが頻発したために数倍の時間がかかってしまう**、といった事例はプロジェクトに関わっていると頻繁に見かけます。

　また、長期間の緊張状態はプロジェクト全体の成果物の品質にも影響するため、さらに大きな問題を引き起こすことがあります。たとえば、

システムに不具合が発生したり、セキュリティ対策が不十分なために情報漏洩を起こしたりするなど、事業に損害を与えるだけでなく組織の社会的評価を傷つける可能性にもつながるのです。

非現実的なスケジュールは現場と上層部の相互不信を生む

非現実的なスケジュールは、組織の上層部の「こうだったらいいな」という根拠のない楽観的な願望によって作られます。特に、上意下達の文化が強い組織では、**現場がスケジュールに無理があると気づいていても、それに異議を唱える場や、上層部に現場からの意見を吸い上げる姿勢がない**ことがあります。しかし前述の通り、非現実的なスケジュールでは現場に過剰な負荷がかかってプロジェクトは失敗し、それによって本来達成される予定だった事業計画上の目的も達成されなくなってしまいます。つまり、誰も幸せにならない結末をもたらします。

また、非現実的なスケジュールが設定されたプロジェクトや事業計画が繰り返し実施されると、組織の上層部と現場の間で深刻な相互不信が醸成されることになります。現場の担当者は自分や周囲の負担が増えることがわかっているため、**新しい計画に対して積極的に関わろうとせず、逃げられない状況になるか風向きが変わるまでやり過ごそうとする**ようになります。上層部もそうした現場の姿勢を見て、現場からの提案や意見を吸い上げるのをやめて外部の人材や企業に意見を求めるようになるのです。こうした相互不信は組織の中長期的な競争力低下の要因となります。

正確なスケジュール作成スキルを身につけるには時間がかかる

　より深刻な事象としては、計画立案のスキルを持つ人材が自社で育たないというものがあります。現場でスケジュールを立てて上層部に提案しても採用されないために、**現実的なスケジュールを立てる必要があるという基本的な認識やその技術を学ばなければならないという考えを持てなくなる**のです。他の専門スキルと同様、正しいスケジュールの立て方を学ぶには正しい知識と一定の経験の量が必要です。たとえば、正確にシステム開発のスケジュールを立てられるようになるには、基本的な手順を理解したうえで、およそ数年程度は専門的な経験を要するでしょう。担当者のスキルが未熟な時に立てたスケジュールによって失敗が発生したからといって、スキル自体の必要性を見限ってしまうと、現場のスキルは上がらなくなり、いつまで経っても正しい進め方でプロジェクトを実施することができない組織になります。

正しいマネジメントの方法

　中長期にわたるプロジェクトを成功に導く現実的なスケジュールを立てるには、**「まず必要な作業に要する工数を積み上げる」**という鉄則を踏まえることが欠かせません。やるべき作業をリストアップし、それぞれの担当者が何時間その作業にかかるのかをバッファ（予備の時間）込みで見積ります。バッファがない場合、見積りのミスや不測の事態（トラブルや病気による欠勤など）による遅延が発生し、計画が形骸化してしまいます。**バッファはプロジェクトの難易度によって、およそ20-50％程度見込むことが通常**です。

　そして、「タスクの前後関係を勘案し、体制面でいつ・誰が・どれだけ関わるのか」という観点でスケジュールを組み立てます。しかし通常、上層部は「費用とスケジュールをかけたくない」という心理的な傾向を持っているため、こうした正しい立て方で作成したスケジュールは上層部の要請と合わないことが多いでしょう。その際は**「その費用と時間をかけてやるだけの価値があるのか」という判断を慎重に行う**とともに、やるべき作業を削ることで調整を図ることになります。

　こうすることで、意思決定者である上層部と現場の見解が一致し、無理のないスケジュールでプロジェクトを行うことができるようになるのです。

アンチパターン
09

決まっていない要件や仕様を元に タスクを進めさせられて壊れる

危険度 ★★★★☆　　頻出度 ★★★★★

タスク編

非現実的なスケジュールで見切り発車に

　上層部が決めた締切り優先のスケジュールを元にプロジェクトを実施する場合、時間が足りないというプレッシャーから、「本来やるべきこと」の検討がおざなりになっていることがしばしばあります。たとえば、DXとして業務を効率化するために業務システムを開発する場合、現状の業務がどうなっているかの調査や必要なシステムの検討など、実際のシステムを開発するために必要な検討事項はかなりの量に上ります。しかし、最初にプロジェクト全体の締切りが設定されていることで、この要件が十分に検討できない状況下でも開発を始めなければ成果物としてのシステムの完成を間に合わせることができなくなってしまいます。こうした状況で往々にして起こるのが、**とりあえず着手できる作業から始めるという「見切り発車」**です。

　もちろん、専門知識や既存のシステムからの類推によって、ある程度は現場で判断して着手できる作業もありますが、「どのようなシステムが必要なのか」という要件が決まっていない場合は、必要な機能やあるべきデータ構造なども最終的に決められないため、現場は五里霧中の状態で作業を進めることになります。本来は要件定義を行ってから仕様を詳細化すべきところが、進める順番がちぐはぐになってしまうことで、担当者の間での認識齟齬や既に進めている作業の手戻りも多く発生し、現場は一気に混乱してしまうのです。そして、こうしたトラブルを解消したり情報を取りまとめるにも多くの時間がかかり、プロジェクトは炎上に向かってしまいます。

合議制は物事を決めるのに時間がかかる

　日本の多くの企業では、**特定の業務を担当する部署・部門の長（部長**

や事業部長など）が重要な物事について協議を行って意思決定者（経営者）に判断や指示を仰ぐといった仕組みが採用されています。この仕組みは新しいプロジェクトがもたらす利害関係の調整やハレーション（想定外の混乱や反発）を軽減するのに有効ですが、新規事業やDX（業務改革・組織改革）など、既存の事業構造や組織のあり方に影響を与える物事を進める際にはあまり向いていません。特に、マネージャー同士の社内政治が激しく、プロジェクトの決定事項が人間関係や出世競争などに影響を与える場合は、調整に多くの時間が必要となり、また決定事項の変更もしばしば発生するようになります。

　また、合議制はプロジェクトの進行を遅らせるだけでなく、「本来あるべきものを作る」という目的から逸れてしまう要因にもなります。**合議制で決められる要件には組織上の力関係が反映され、実際にシステムを利用する人が使って便利なものや業務の効率化につながらない可能性が高くなる**のです。たとえば、業務システムのプロジェクトでは、しばしば全体的な観点では必要ないにもかかわらず、「営業部長がこれは必ず入れろと言ってねじ込んだ機能」といった要件が追加になることがあり、プロジェクトの進行に大きな影響を与えることがあります。

　こうしたパターンはシステム開発の領域では1968年にコンピュータ科学者のメルヴィン・コンウェイが提唱した「**コンウェイの法則**」、すなわち「組織が設計するプロダクト（システムやソフトウェア）は、その組織のコミュニケーション構造を反映する」という法則としてよく知られていますが、今でも多くの組織のプロジェクトで見られる光景です。

　トップダウンで締切りが設定されているにもかかわらず、社内政治で要件が決められずに自分たちにしわ寄せが来てプロジェクトが炎上したり、追加要件が入ってプロジェクトに混乱が発生したりすると、現場は意思決定者に対して不満や不信感を感じ、モチベーションの低下やメンタルヘルスを崩すことにつながるのです。

正しいマネジメントの方法

　新規事業やDX（業務改革・組織改革）など、組織全体に影響しうるプロジェクトを実施する際は、次の2つのポイントに留意します。

- 特命チームを設置する
- 「全体最適」を目的に情報や意見を取りまとめる

　まずは<u>上層部が明示的に**「特命チーム」を設置する**</u>ことが体制上の大きなポイントです。従来の組織構造のままで既存の部署にプロジェクトの主管を任せると、前述の課題に直面することになるからです。特命チームのメンバーはできるだけ従来業務から離して専任になるようにして、<u>**組織のトップ（社長）かそれに近い役職（執行役員など）を意思決定者としてその直下にチームを置きます**</u>。これによって、意思決定のスピードを迅速にするとともに、関連部署に対する情報収集や意見調整をスムーズに行えるようにするのです。意思決定者がプロジェクトの定例会議などに参加できない場合は権限委譲を行い、方向性にかかわる重要な決定事項以外は別の人に決定の権限を持たせるなどの工夫も必要です。

　プロジェクトの実行を担う特命チームは、まず第一に<u>**「組織全体のためになるプロジェクトを実施する」**</u>というミッションを持つことを共通認識とします。プロジェクトの方向性を決める要件定義では、関係する多くの部署の利害調整を行いますが、この際に特定の部署を優先すると、他から反感を買って抵抗に遭うからです。予算とスケジュールに合わせるために要件を削る際も、組織全体のために必要であるということが納得されなければ賛同は得られないでしょう。

アンチパターン
10

実行したタスクが
キャンセルされて壊れる

危険度 ★★★★☆　頻出度 ★★★★☆

タスク編

タスクのキャンセル時は要注意

　プロジェクトにおいて、進行中のタスクや完了したタスクがキャンセルされることは、珍しいことではありません。市場環境の急激な変化やクライアントの要望の変更、プロジェクト戦略の見直し、採用する技術の課題の判明など、多くの要因がその理由となります。しかし、**タスクをキャンセルした際の対応を誤ると、チームメンバーに心理的ダメージを与え、それが継続的なものとなると、メンバーの意欲や能力を大きく損なう**ことがあります。

　まず、タスクがキャンセルされた場合、多くの担当者は「自分たちの努力が無駄になったのではないか」と感じます。この「無駄感」はしばしば挫折感を伴い、**特に真面目でプロジェクトへの貢献意識が高いメンバーほど大きな影響を受けます**。また、キャンセルが頻繁に発生すると、「どうせまた無駄になる」という諦めの気持ちが広がり、結果的にチーム全体の士気が低下します。

　さらに、キャンセルに関する説明や対応が不十分であると、メンバーはプロジェクトやマネージャーへの信頼を失うようになります。たとえば、**「なぜそのタスクが不要になったのか」**や**「どのような代替案があるのか」**といった説明がされない場合、メンバーは状況を理解できず、不満や不安を抱きます。その結果、プロジェクトの全体像を見失い、自分の役割や価値に疑問を持ち始めることがあります。

　また、タスクのキャンセルが発生した後に代替タスクが追加される場合、スケジュールや他のタスクとの調整が適切に行われないと、メンバーに過剰な負担を強いることになります。特に、キャンセルに対するケアが不十分なまま新しいタスクを押し付けられると、やらされ感が強くなり、「自分たちはただの歯車でしかないのではないか」と感じるメンバーも出てくるでしょう。

正しいマネジメントの方法

　タスクがキャンセルされる場合でも、チームが混乱したり挫折したりしないようにするには、以下の方法が有効です。

①理由をしっかり説明する
　タスクをキャンセルする理由や背景、変更後のプロジェクト方針を丁寧に説明します。メンバーが状況を理解することで、「無駄だった」という感覚を和らげることができます。

②成果を認める
　キャンセルされたタスクであっても、それまでの努力や成果を評価し、メンバーに感謝を伝えます。「結果は変わったが、努力はプロジェクト全体にとって価値がある」というメッセージを伝えることが重要です。

③新たなタスクへの移行を支援する
　キャンセル後に新しいタスクが発生する場合は、円滑に移行できるよう他タスクとの優先順位の整理を行います。無理のないスケジュールを設定し、メンバーの負担を軽減することが大切です。

④チーム全体で情報共有を行う
　キャンセルの理由や今後の計画について、チーム全体で共有する場を設けます。これにより、メンバー間での理解が深まり、無駄な不安や憶測を防ぐことができます。

⑤心理的なサポートを提供する
　キャンセルによるモチベーション低下に対して、心理的なケアを提供します。定期的なミーティングや、必要に応じたフィードバックを通じて、メンバーが安心して働ける環境を作ります。

タスク編

アンチパターン
11
評価が不公平で壊れる

危険度 ★★★★★　頻出度 ★★★★☆

評価への納得感がモチベーションを左右する

タスク編

　仕事で感じる不満の中で、自分自身が受ける評価に対する不満は最も一般的なものだといえます。株式会社ライボによる「2023年人事評価の実態調査」によると、「人事評価への不満を感じている」と回答した人は全体の75.2%を占め、さらに「評価によって過去にモチベーションが低下した経験がある」と回答した人は全体の78.7%にも上っています。もちろん、人は誰しも自分自身は頑張っていてそれを評価されたいと思っているため、これは当然のことですが、人事評価は有限な報酬を分配する根拠にもなるため、誰にでも良い評価を与えることはできず、不満の原因となることはある程度避けられないでしょう。

　しかし、不満の内訳を見てみると、モチベーションが下がった原因と

評価によるモチベーション

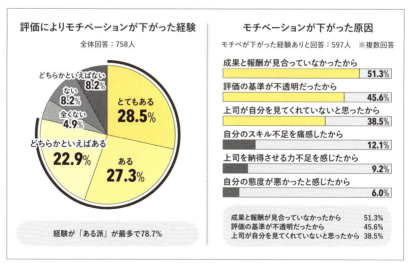

出典：「2023年人事評価の実態調査」株式会社ライボ Job総研
https://prtimes.jp/main/html/rd/p/000000177.000013597.html

して、1位が「成果と報酬が見合っていなかったから」が51.3%でトップであるのに対し、2位が「評価の基準が不透明だったから」で45.6%、3位が「上司が自分を見てくれていないと思ったから」で38.5%となっており、**マネージャーの評価基準や評価に関する振る舞いが大きな不満の要因となっていること**が見て取れます。

表面的な雰囲気で評価しない

　業務やプロジェクトを正しく評価することは難しく、しばしばマネージャーが**表面的でわかりやすいものを見て評価してしまう**ことがあります。たとえば、複雑な経理処理や業務分析を効率的にこなしているにも関わらず、家庭の事情で定時になるとすぐ帰ってしまう母親であるために、効率が悪く遅くまで残業している独身の担当者よりも低い評価を与えたり、マネジメントが不十分なために炎上して残業や休日出社をしているプロジェクトマネージャーを「頑張っている」と評価して、トラブルなく予定通りプロジェクトを進めているマネージャーよりも高い評価を与えてしまうといったケースは多くの企業で見られます。

　ハイレベルな担当者は確実かつ効率的に進めるために事前に正しい計画を立ててトラブルを未然に防いでおり、**評価する人がそうした工夫や専門性を理解できない場合は、前述のような不満を優秀な人材に対して与えてしまう**のです。優秀な人材が流出する組織は、表面的な「頑張り」や「努力」だけを見ている傾向がしばしばあります。

正しいマネジメントの方法

タスク編

　会社全体の業績が芳しくないために十分な報酬を分配できない状況でも、現場で真摯に業務に取り組んでいる人材を適切に評価することができれば、不満の多くは解消することができます。その際に最も重要なのは、評価する立場のマネージャーが**「業務の中身を理解する努力をする」**ことです。

　システム開発など高度な専門性を必要とするプロジェクトや、入り組んだ業務フローを理解し習熟が必要な事務処理業務など、マネージャーにとって専門外のプロジェクトや業務を評価しなければならないことはあるでしょう。しかしそうした場合でも、**メンバーや部下の業務の難易度や、それに対応するための専門性や工夫などを担当者がどのように行っているのかを理解する姿勢を持つ**ことが、評価の際にお互いの納得度を高めるための鍵となるのです。

　「1 on 1」と呼ばれ、最近多くの企業で実施されるようになっている個人面談の場で、普段苦労している課題やその解決のために取り組んだことを担当者に聞いたり、担当者が普段作成している成果物の量や質をチェックしたり、一緒に仕事をするメンバーや同僚の評価を確認したりするだけでも、多くの理解を得ることができます。重要なのは、普段努力していることが評価する人に認められることであり、それが適切に遂行されるだけでも評価に対する不満の多くは解消することができるのです。

63

アンチパターン
12

責任の重さで壊れる

危険度 ★★★★★　　頻出度 ★★★☆☆

プロジェクトへの過剰な期待と難易度の過小な評価は禁物

タスク編

　人手不足で企業の競争が激しい現代では、労働者は多くのプレッシャーを抱えて仕事をすることになります。業務量が増えることはあっても減ることは珍しく、同じ事業を継続しているだけでは売上を維持したり競争力を高めることは困難です。多くの企業がこうした状況にあり、業務を効率化するための業務・組織改革（DX）や、ビジネスに付加価値を与えるための新規事業などに取り組むようになっています。

　しかし、こうした取り組みはプロジェクト全体から見ても、利用する技術や取り組みに対する理解が非常に高いレベルで求められるため、極めて難しい部類のプロジェクトに分類されます。プロジェクトに関するリテラシーが低い場合にしばしば起こるのが、プロジェクトの結果に対する高すぎる期待と、実行の難易度に対する過小評価です。つまり、**必要な予算や体制、時間的な猶予を与えないまま、事業の将来を担う重責を担当者に背負わせてしまうのです**。これは、担当者に必要な装備や情報、サポートを与えないまま冬山登山させるようなもので、この行程は辛く、遭難は確実なものとなります。

過剰な期待と非現実的な計画がもたらすダブルバインド

　また、「08 非現実的な締切りを設定されて壊れる」でお話したような、非現実的な計画によるプロジェクトの遂行も担当者には大きな負担となります。非現実的な計画は混乱と過重労働をもたらすだけでなく、遂行のために必要となる適切な体制構築（特に人員数）の不十分さももたらします。これは担当者を**「ダブルバインド」**という非常に危険な心理状態に陥れることとなります。

　ダブルバインドとは、アメリカの人類学者グレゴリー・ベイトソン

65

(Gregory Bateson)によって提唱された概念で、**「相反する二つのメッセージを同時に受け取り、どちらの選択肢を取っても否定される矛盾したコミュニケーション状況」**を指します。ダブルバインド状態は親子関係やパートナーなど、親密な人間関係でも形成されますが、仕事の現場でも非常に発生しやすいという特徴があります。プロジェクトでは、**意思決定者から過剰な期待を背負わされているにもかかわらず、必要な時間や体制を与えられないことで、容易にダブルバインド状態となる**のです。人はダブルバインドに陥ると、自己評価の低下や不安や抑うつといった心理的状態、さらにダブルバインドを発生させた相手との信頼関係の悪化など、中長期にわたる深刻でネガティブな状態に身を置くことになります。

正しいマネジメントの方法

タスク編

　職位やプロジェクトの経験値に不相応な責任を背負わせることで人材を壊さないようにするには、まず**プロジェクト全体の遂行責任が組織にある**ことを体制として明示することが大切です。多くの意思決定者はプロジェクトの遂行責任が経営陣にあることは自明だと考えがちですが、そのことを明確に伝えない場合、プロジェクトのマネージャーやメンバーは多くの時間や精神力をプロジェクトの目的の達成のために割くため、自分たちに責任があると考えるようになってしまいます。たとえば、「◯億円の予算と◯億円の将来的な売上が自分の両肩にかかってる」と思うようになるのです。

　これを避けるためには、「09 決まっていない要件や仕様を元にタスクを進めさせられて壊れる」でお話したような**「特命チームの設置」が非常に有効**です。プロジェクトの実施自体が上層部の明確な意志であり、重要な意思決定を行う人物が誰であるかを体制として明示することで、本来現場のマネージャーやメンバーが背負うべきでない期待や精神的負担を背負わせないようにするのです。

　また、**プロジェクトの実行責任が経営陣にあるのを明示することは、プロジェクトチームに対して非現実的な計画による失敗を回避したいという心理状態にさせる**ことにもつながります。これによって、過剰な期待と非現実的な計画がもたらすダブルバインドが現場で醸成されにくくなり、人材喪失のリスクを軽減することができるのです。

アンチパターン
13

個人のアイデアや工夫が無視されて壊れる

危険度 ★★★★☆　　頻出度 ★★★★★

新しい取り組みには創意工夫が求められる

タスク編

　プロジェクトなど、新しい取り組みを実施する際は担当者やチーム全体の創意工夫が求められます。プロジェクトチームには多くの情報や意見が集められ、それらを専門的な見地から検討します。さらに検討事項を形にするために大量のタスクが発生するため、より良い手法を取り入れていく必要があるのです。

　特にITの領域では一つのツール（コラボレーションツールなど）や技術（生成AIやRPAなど）を導入することで生産性や効率性が数倍から数十倍程度、飛躍的に向上するケースは珍しくありません。確かに新しいツールや技術にはリスクがつきものですが、**ただ忌避していると、低い生産性や効率性のまま事業を続けることになり、組織の競争力は競合に対して相対的に低下する**こととなります。

　さらに、普段外部の情報に多く触れている現場から、上層部やマネージャーにこうした新しい技術の取り込みや業務フローの改善などを提案しても認められないことがあると、プロジェクトの生産性や効率性が向上しないのはもちろん、担当者にとっては抱えている課題が解消されないうえに、**そのために試行錯誤した努力が認められないと感じて大きく意気消沈する**こととなります。これは当人のモチベーションが喪失するだけでなく、自分が所属する組織に対する「諦め」となって、新しい工夫を取り入れようとせずに言われたことしかやらない受け身の姿勢へとつながっていきます。

69

上意下達や前例主義の環境では新しい工夫は生まれない

　個人のアイデアや創意工夫が却下されてしまう状況が発生する要因は、**上意下達・前例主義の社内文化やそうした考え方を持つ意思決定者個人の考え方が背景にあること**が一般的です。プロジェクトのマネージャーや実行チームは意思決定者より職位が低いことが通常であるため、上層部がそうした社内文化を元に現場をコントロールしようとすると現場は萎縮して生産性や効率性が失われてしまうのです。

　また、新しいアイデアや創意工夫はまだ未検証であるため、うまくいかない可能性もあります。他社や他のプロジェクトでうまくいっているものでも、前提条件や目的、実行するメンバーが違う場合は失敗する可能性があるからです。失敗を許容しない減点方式の人事評価である場合も、現場は自分たちが考えた方法を主張して失敗した際のリスクを恐れて、より良い方法を思いついていたとしても提案しなくなるでしょう。

外部の意見だけでは現場は動かない

　私が業務改善のプロジェクトで現場の担当者にヒアリングを実施した際に、「上層部は外部のセミナー講師やコンサルタントなどの意見は聞くが、内部の現場の意見は聞かない」という不満を聞くことがあります。現場の担当者が日々の業務を行う中で課題として感じていることを上層部に伝えたり、その課題を改善するための方法を提案しても全く聞き入れられないことが、**同様のことを外部のコンサルタントが提案すると、それがそのまま通ってしまうといったケース**がしばしばあるのです。

　もちろん、コンサルタントの意見が通るのは優れた伝え方や資料の作

り方、プレゼンテーションの要素もありますが、前述の上意下達や前例主義の文化のために現場の意見をうまく吸い上げられていないケースも多々あり、そうした場合、現場は外部の意見ならすんなりと聞く上層部に対して**「それ、散々言ったのに…」**と鼻白んだ気持ちになってしまいます。現場の意見を吸い上げれば迅速に改革の方針として経営に反映できたのに、外部のコンサルタントに提示されなければ納得しないという状況は、単純に費用や時間のロスであるだけでなく、実際に改革を実行する際に、自分たちが軽視されたと感じた現場の担当者による抵抗や妨害につながることもあります。

アイデアの採用が人材育成に

自分や周囲が日々感じている課題や不満を取りまとめ、改善策として実施し、状況を改善することができれば、それは大きな「成功体験」となります。最初は現場の改善を行っていた人材が業務経験を積んで新規事業や DX（業務改善・組織改革）を担えるようになることも珍しくありません。

現場からの意見や提案の抑圧は人材育成には大きなマイナスとなりますが、**提案を吸い上げて改善することができれば事業にとってプラスになるだけでなく、人材育成の面でも中長期的に大きな効果をもたらす可能性がある**のです。

正しいマネジメントの方法

　社内文化は、組織の歴史や長く在籍している人々の働き方とキャリアの考え方、既に確立されている仕事の進め方などによって形成されているため、急に変えるのは難しいことが多いでしょう。しかし、**現代は旧態依然とした組織でも新しい取り組みを実行しなければ組織の存続や繁栄が困難**な時代でもあります。そこで、新規事業やDX（業務改革・組織改革）としてプロジェクトを実施する際は、現場のアイデアや創意工夫を発揮できるようにするために、「09 決まっていない要件や仕様を元にタスクを進めさせられて壊れる」と「12 責任の重さで壊れる」でお話したような**「特命チームの設置」**がここでも有効です。

　新しい取り組みを行ううえで必要な試行錯誤や創意工夫をしやすくするために、**従来の社内文化の影響をできるだけ受けないような形でプロジェクトチームを設置**し、進め方や利用するツールなどについて、意思決定者の権限として、ある程度治外法権的な位置づけを持たせるようにします。せっかく特命チームを設置しても、新しいツールや技術を導入するのに細かいところまで書類を作成して何週間も稟議がかかるようなルールのもとでは、十分に機能しなくなるからです。

　特命チームで新しい取り組みを試すことでプロジェクトの生産性や効率性を高めるとともに、うまくいったものを既存の事業に取り込めるようにしていくと、**既存事業の生産性や効率性の向上も見込むことができます**。これを繰り返すうちに、自然と社内文化が変わっていく可能性もあり、意欲の高い人材のモチベーション向上に寄与するでしょう。

アンチパターン
14

タスク編

ミスへの過剰な罰で壊れる

危険度 ★★★★★　頻出度 ★★★★★

ミスを責めても問題は解決しない

　プロジェクトなどの新しい取り組みを実施する際に最も基本的な禁じ手は「ミスを責めること」です。ミスは誰でも起こすため、それを責められる環境では誰も進んで仕事をやろうとはしなくなります。仮に、ある人のミスする確率が1%だとすると、10個のタスクを実行する際はミスが露見する可能性は低いですが、100個のタスクを実行すればその可能性は上がります。つまり、**多くの仕事を引き受ければ引き受けるほど、ミスが露見する可能性が上がるため、誰も積極的な姿勢を見せなくなる**のです。特に減点方式で評価される組織ではこの傾向が強くなります。

　そもそも、ミスを責めてもそれが改善されることは稀です。ミスを責められた際に改善できる人は、最初から「正しい進め方」を知っている人であり、正しい進め方を知らない人は改善の方法がわからないため、**単に萎縮してモチベーションが低下して仕事に積極的に取り組まなくなったり、自分自身のミスを認めないように隠したり誤魔化したりする**ほうに努力が向かいます。また、ミスをしても謝ればいいと開き直ったり、いわゆる「ズル」をして成果を出そうとしたり、評価する立場の人（意思決定者やマネージャー）に個人的に取り入ろうとしたり、場合によっては他人の成果を横取りしてアピールしようとしたりすることもあります。

　こうした行為の結果として、同じミスでも人によって強く責められる場合とそうでない場合とで差が出ると、不公平感が出て積極的に仕事に取り組む人は減り、不正や隠蔽などに向かう人が増えるようになるでしょう。これは言うまでもなく組織の競争力を大きく下げる結果をもたらします。

ミスを責めると本質的な問題が放置される

タスク編

　ミスを責めることのより深刻な問題点は、それによって本質的な問題が放置されてしまうことです。ミスが発生する要因として本人の注意力の欠如以外にも、**決められた仕事のプロセスの不適切さやプロジェクト計画の非現実性、過重労働、実行体制や労働環境の不備、教育や育成の不足などのより本質的な問題**が存在する可能性があります。露見したミスを責めて個人の責任に帰すことで、これらの問題が放置されることになると、ミスが発生しやすい要因がそのまま残っているため、同様のミスがその後も継続的に発生するようになるのです。

　特に日本では、叱責された人が置かれた状況や環境面の問題点を指摘すると「言い訳するな」と言われやすいため、本来は組織の意思決定者やマネージャーが対応すべき物事の問題点が改善されにくい傾向があります。

　ミスが発覚した場合に必要なのは、作業の担当者を責めることではなく、**作業のプロセスやプロジェクト計画の問題、環境面や育成の不備について点検が必要な兆候だと捉えて、マネージャーの責任として冷静に事実確認を行う**ことです。

正しいマネジメントの方法

　仕事をする際の環境的な側面を捉える概念として、近年日本でも**「心理的安全性（Psychological Safety）」**という言葉をよく聞くようになりました。心理的安全性は組織行動学研究者であるエイミー・エドモンドソン教授が1999年に提唱した概念で、**「チームメンバーがリスクある行動をとったとしても、チーム内では安全であると信じられる状態」**と定義されています。心理的安全性が高い環境では、チーム内でお互いに自分の意見や質問、懸念を自由に表明できると感じられるため、新しい取り組みや課題の早期解決、メンバー間の学習が進んで高い生産性や効率性を発揮できるのです。

　少子高齢化で人材確保が困難な時代背景もあり、心理的安全性という言葉自体は浸透しつつありますが、しばしば「相手のミスや間違いも指摘できない、ぬるま湯のような環境ではいい仕事はできない」といった誤解に基づいた見解を聞くことがあります。そうした見解は、特に厳しい環境の中で叩き上げで出世した人や、周囲からサポートを受けずに自身の努力で大きな成果を出した人から多く聞きますが、心理的安全性が高い環境とは、ぬるま湯や仲良しクラブのような環境のことではありません。

　心理的安全性を確保することは、**相手の人格や意見を否定しないこと**で、多くの意見を集めて議論を行い、**問題の所在を「人」ではなく「プロセス」や「環境」に求めること**なのです。

タスク編

プロジェクトマネジメントの基礎知識

タスクマネジメントはサッカーに例えると、パスワークに該当します。強豪サッカーチームの精度が高いパスワークのようにタスクマネジメントを行うには、次のポイントを踏まえることが必要です。

タスクの 6W2H を明確にする

タスクの担当者に対して「何の作業（What）を、何のために（Why）、誰が（Who）、誰に（Whom）、どこで（Where）、いつまでに（When）、どのように（How）、どれだけ（How much）やるべきなのか」を明確に伝えます。これは担当者に「自分が何を期待されているのか」を共有することになり、進捗や課題の把握、担当者へのフィードバックも適切に行うことができるようになります。また、タスクの依頼をする前に必ず見積りを行って締切りや稼働量についての合意を行い、それが非現実的なものにならないようにします。

メンバーの状況や意見を尊重する

高度で複雑なタスクを実施する場合、そのタスクの実行そのものに高い集中力が求められます。これは大きな精神的負荷にもつながるため、タスクを実行するメンバーがどのような状況にあるのかを正確に把握するようにします。特に、長時間労働や非現実的な締切りなどの負荷をかけていないか、プライベートが犠牲になっていないかなどについて配慮を行います。また、犠牲を強いる状況になっている場合は、業務量の調整やプロジェクト計画の変更、プロジェクトルールの策定など、マネジ

メントとして実施できる対策を検討します。

建設的なコミュニケーションを行う

　メンバーと対話する場合は建設的なコミュニケーションを行うようにします。普段からチーム内でお互いを「仕事の歯車」ではなく「一人の人間」であることを認識できるようチームビルディングを行い、必要なコミュニケーションルールを設けてネガティブなコミュニケーションが行われないように留意します。また、タスクの方向性や成果物の品質についてフィードバックをする必要がある場合は、相手への批判にならないように、あくまでもタスクの内容についてのものであることを明確にします。

プロジェクト計画編

繰り返しの多い業務を正確かつ効率的に実施することが
これまでの日本企業の強みでした。しかし、社会変化に
伴ってプロジェクトという不確実性を扱う取り組みを実
施する必要性が高まっており、これまでとは違う考え方
や対応が必要となっています。本編では、プロジェクト
計画に対する考え方や対応のアンチパターンと正しく実
践するための基礎知識をご説明します。

アンチパターン
15

プロジェクト失敗への恐れで壊れる

危険度 ★★★★★　　頻出度 ★★★★☆

プロジェクトには唯一の正解がない

プロジェクトの最も大きな特徴として、**「唯一の正解がない」** ことが挙げられます。一つのプロジェクトが、数枚のスライドの企画書や担当者の個人的な熱意、箇条書きにされたA4用紙数枚のアイデアのリストを元に始められることはしばしばあります。時には、社長や役員の「鶴の一声」で始まることもあるでしょう。数千万円、数億円規模のプロジェクトでも、スタートはシンプルなものであることは珍しくないのです。

実際にプロジェクトが進み、要件定義や設計、実装、テストへとフェーズが進んでいくと、次第に最終的な「成果」（IT分野であればシステムやアプリなど）となるものが具体的になっていきます。最終的な成果物は誰の目にも明らかなものですが、これは必ずしも「正解」であるとは限りません。

普段、利用者としてスマホアプリや Web サービスを触っているだけでは気づきにくいことですが、**自分たちの手でシステムやアプリなどを新しく開発する際は膨大な数の意思決定を行う必要があります**。開発するシステムやアプリにはどのような機能や画面が必要なのか、使えるデバイス（PC やスマホなど）は何か、どのような性能を持っているべきなのか。これら成果物に関する具体的な要件や仕様以外にも、どのような言語や開発手法を採用するのか、どのようなスキルを持つ人材が必要なのか、進行中のタスクマネジメントはどのように行うのかなど、プロジェクトの進め方に関しても複数の可能性の中から適切なものを取捨選択していくことが求められます。そして、**それぞれどれを選択するかによって、最終的な成果物は全く異なるものになる**のです。

プロジェクト計画編

プロジェクトの完了時に具体的な成果物を手にすると、それが「正解」であるかのように思えますが、それは多くの「あり得たかもしれない正解の一つ」に過ぎません。しばしば言われるように、「プロジェクトは生き物」であり、「一期一会」のものなのです。

せっかくの取り組みが成果につながらないことも

　膨大な数の意思決定を行って具体的な成果物を無事手に入れたとしても、それが役に立たないものになってしまうこともあります。たとえば、業務を効率化するためのシステムに必要な機能が備わっていないことから、かえって非効率になってしまったり、顧客を定着させるためのアプリが使いづらいために、別のサービスに乗り換えられてしまったりするなど、成果物の品質によっては事業上の成果につながらないことがあるのです。

　つまり、プロジェクトをビジネスとして成功させるには、**意思決定として膨大な可能性の中から適切な選択肢を選び取り、予算や費用など与えられた条件をクリアし、さらに事業に貢献できるものにしなければなりません**。プロジェクトはこのような特性を持つため、遂行中は実行チームは強いプレッシャーや不安との戦いになるのです。

プロジェクトの不安という魔物

　さらに、プロジェクトは予測不能なトラブルが発生するリスクを常に抱えています。プロジェクトに対する要求が変更されたり追加になったりすることもしばしばあり、その際は計画を変更して合意形成を行う必要がありますが、この合意形成が適切に進まないと、**プロジェクトの実**

84

態と計画がどんどん乖離することになり、関係者が「プロジェクトの不安」という魔物に取り憑かれてしまいます。たとえば、追加要件が大きく増えたことで人員やスケジュールの追加が必要であるにも関わらず、経営陣から計画変更の同意が得られない場合、プロジェクトは確実に炎上し、実行チームには大きな負担がかかるだけでなく、失敗の責任について追及が行われる可能性があります。こうした可能性が見えた段階でマネージャーや実行チームに不安が襲いかかり、状況が改善しない限り取り憑かれてしまうのです。

　この魔物に取り憑かれると、多くの人は自身の責任を問われないように回避的な言動を取るようになり、プロジェクトが進まなくなります。また、自身の責任や負担を回避するためにチーム内や部署間などで非難や対立が発生すると、より一層混乱をきたしてしまいます。

　特にプロジェクト初期の要件定義フェーズではわからないことや決まっていないことが多いため、この魔物に取り憑かれやすくなります。プロジェクトの方向性が固まった実行フェーズ中でも、経営陣から叱咤激励のつもりで実行チームに計画との乖離を厳しく指摘したりすると、繊細な心理的バランスを取りながら進めていた担当者は一気に疲弊し、急速に魔物に取り憑かれてしまうでしょう。

プロジェクト計画編

正しいマネジメントの方法

　プロジェクト実施中に実行チームや関係者が強い不安に囚われてしまって、進捗が出なくなったり、疑心暗鬼で対立が発生したり、結果として失敗してしまったりすることを防ぐには、まず実行チームが強い不安と戦いながらプロジェクトを進めているということに関して**経営者や管理職を含む周囲が理解を示し、サポート体制を築くこと**です。

　たとえば、要件定義でヒアリングが必要な場合は実行チームが迅速に協力を得られるように経営層から依頼をかけたり、必要な調整や検討事項が発生した際は関係者を招集して積極的に課題の解消を行ったり、プロジェクト遂行に伴うツール調達や請求業務を代行するスタッフをアサインしたり、タスクが集中して多忙な時期は不要なプレッシャーをかけないようにしたりするなど、**実行チームがプロジェクトそのものに集中して可能な限り早くプロジェクト初期の不安な状態から脱することができるようにする**のです。また、プロジェクトの遂行中は不要なプレッシャーをかけることを避け、あくまでも状況や見通しを確認するだけで現場に任せるようにすることも必要です。

　プロジェクトの遂行そのものは実行チームが責任を持って行うことですが、それをサポートする体制や考え方が経営陣や周囲にあるかどうかが、プロジェクトの成功や失敗に大きく影響するのです。

アンチパターン
16

朝令暮改で壊れる

危険度 ★★★★☆　頻出度 ★★★☆☆

プロジェクト計画編

中長期的な観点が欠かせない時代に

　単にクライアントや経営者の言う通りにプロジェクトを実行していればよかった時代とは異なり、現在は**よりビジネスに直結した成果**が求められる時代になっています。WebサイトやWebサービス、アプリなどが目新しかった頃には、それらしいものを作るだけで競合との差別化ができていましたが、現代ではそれらが珍しいものではなくなっており、目の肥えたユーザに利用されるための競争が激しくなっているのです。たとえば、AppsFlyer社の調査では、スマートフォンアプリの50%以上が30日以内にアンインストールされていると報告しています。また、スマートフォンのアプリが頻繁にアップデートされることでもわかる通り、ユーザが求めるものを一回のプロジェクトの成果で手に入れることは困難なため、中長期的に改善を行っていく必要があります。つまり、「あるプロジェクトを実施したけどうまくいかないから、また別のプロジェクトを立ち上げる」といった朝令暮改の考え方では通用しないのが現代なのです。

　また、かつては紙で管理されていた情報をデジタル化するだけで業務効率化は達成できましたが、現在では現場で利用するシステムやツールが増えて業務が煩雑化しており、**組織や業務の全体的な観点で効率化を行わなければ人手不足に対応できない状況**になっています。ビジネスに直結する新規事業や DX（業務改善・組織改革）等のプロジェクトを実行する際は、いずれも中長期的な視座が求められる時代になっているのです。

プロジェクトに優柔不断は禁物

　現代のプロジェクトにおける中長期的な視座は、アウトプット（アプ

リやシステムなどの成果物）がビジネスに貢献できるかという観点で企画の時点から必要とされますが、プロジェクトを円滑に進めるという観点においても必要です。たとえば、アプリやシステムを構築する際の要件定義で「どんなユーザにどのように使ってもらうのか」を決める際には、**組織が事業としてどのような方向性を目指しているのかをビジネスモデルや組織のあり方の観点から明確にしておく**必要があります。これがアプリやシステムのデザインの方向性や機能の仕様（必要な動作や性能など）、データベースの設計などに大きく影響するからです。ビジネスモデルや組織のあり方の方針が定まっていない状態でアプリやシステムの開発プロジェクトを始めると、**重要な要件が右往左往することになって、タスクの手戻りが大量に発生し、結果的に要件や基本設計がブレる**ことにつながるのです。

　要件や基本設計がブレると、ユーザから見たときに特徴がわかりにくく使いづらいアプリやシステムになったり、開発の際に要件や仕様の齟齬が発生してバグやトラブルが発生しやすくなります。また、セキュリティ対策が十分に行われていないことによって、情報漏洩等のインシデントが発生してビジネスに大きな損害をもたらす可能性も高くなります。

事業方針がブレると現場が非効率に

　さらに、中長期的な事業戦略の欠如による朝令暮改で事業や組織のあり方に関する方針が頻繁に変更になると、それに対応するために非効率な対応を繰り返すことにもつながります。前述の通り、アプリやシステムの要件や基本設計は中長期にビジネスとして求められるものを想定して決めていくため、**ビジネス側の方針が変更になると、それに伴って多くの追加対応が求められる**のです。

　たとえば、詳しくない人から見れば「ちょっとした要件変更に伴う機

能の変更」でも、データベースや画面の再設計や関連する処理の調査と設計、実装、テストといった多くの追加作業が必要となり、実際に機能を作る以外の「やり直し」の作業が膨大に発生します。これは一度作ったものを壊して新しく作り直すことと同じであり、継続的にこれが繰り返されると「賽の河原」のような心境となって担当者のモチベーションを大きく損ねる結果となります。

また、個別のプロジェクトの実施中においても、たとえば要件変更の意思決定があやふやなためにスケジュールを食いつぶしてしまったにもかかわらず、プロジェクト全体の締切りを延ばすなどの適切な計画変更が行われない場合、プレッシャーが強くなってさらに実行チームのメンタルの安定性を削いでしまうことになります。事業方針が朝令暮改になってしまう企業は、意思決定があやふやになったり頻繁に変更となるために現場に負担がいきやすく、特に優秀な人材が定着しづらいのです。

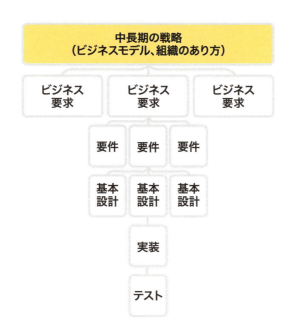

正しいマネジメントの方法

　中長期的なビジネスの戦略立案で真に検討すべきは、「数年後に達成しているかもしれない目標」ではなく、それを見据えて動き始めるための**「現在の課題」**です。

　特にITが関わる事業戦略は基本的なプロダクト（アプリやシステムなど）の要件や基本設計に大きく影響するため、**戦略がどれだけ具体的で堅実なものか**が問われます。次年度予算を固める際に慌ててその時々の流行りのテーマを採用して取り繕うのではなく、常日頃から経営者や管理職が「自社がどのような事業を目指すのか」を5年後・10年後の観点で検討し、現場の専門家を含めてディスカッションを行い、戦略として取りまとめていく必要があります。

　ビジネス環境の変化が激しい昨今では、往々にして目前の課題を解決するために連続性のないテーマが年替わりで経営者から現場に提示されることがありますが、これは現場に前述のような混乱やモチベーションの低下をもたらすため、できるだけ避けるのが良いでしょう。

　また、プロジェクトを実施している間（特に要件定義中）にプロジェクトで何を実現すべきかが明確になっていないと判明した場合は当初の想定よりも要件定義に時間をかけたり、**場合によってはプロジェクトを中止して必要性について再検討することも優れた決断**になります。

プロジェクト計画編

アンチパターン
17

目標の不明確さで壊れる

危険度 ★★★☆☆ 　 頻出度 ★★★★★

「売上を伸ばす」という目標の場合

　失敗するプロジェクトの特徴の一つに、**「目標が曖昧で何を実現すれば成功なのか」が不明確である**というものがあります。たとえば、「売上を伸ばす」という目標の EC サイト開発プロジェクトの場合、この「売上を伸ばす」は次の方針にさらに分解することができます。

- 新規顧客を増やす
- 既存顧客の顧客単価を上げる
- 既存顧客の購入頻度を上げる

　どの方針を優先するかによって、実際にプロジェクトで実現すべき要件は大きく変わります。新規顧客を増やしたい場合は、プロモーションやキャンペーンに適したサイト構成や画面構成にする必要がありますし、既存顧客の購入単価を上げる場合は商品ラインナップの見直しやサイトのブランディング向上（デザインの向上など）が必要になるでしょう。既存顧客の購入頻度を上げる場合は、購入プロセスを簡略化したり、定期購入をできるようにしたり、ポイントサービスなどを導入したりする必要があるでしょう。

目標の不明確さはチームに混乱をもたらす

　このように、「売上を伸ばす」という一見わかりやすい目標でも、実際にやるべきことは大きく変わるのです。しかし、これが明確にされずにプロジェクトが始められた場合、**プロジェクト関係者それぞれの頭の中にある「売上を伸ばすための方針」が大きく異なるために議論のピントがズレてしまい、なかなか話がまとまらないまま進行してしまいます。**

プロジェクト計画編

これはプロジェクト進行の遅延につながるだけでなく、プロジェクト関係者の中に力関係があると、権力者が考えていることが絶対視されてしまって、「あいつらはわかってない」と現場から経営者に対する不満の原因になったり、本来であれば有効であったはずの施策が放棄されたりしてプロジェクトの崩壊や失敗につながることがあります。

　また、目標が不明確であることで取るべき方針が定まらずに右往左往すると、それによって検討すべき事項が膨大な量になって担当者の大きな負荷になったり、要件同士に齟齬が発生し手戻りやトラブルの原因となってチームワークが阻害されたりします。こうした状況は実行チームのメンバーにとって「何が正解かわからない」という心理状態を生み出し、メンタルが不安定になる要因となります。

目標の不明確さはプロジェクトの成功にも危険をもたらす

　目標の不明確さは、取るべき方針が定まらないためにプロジェクト全体に混乱を生むだけでなく、「プロジェクトを着実に成功させる」という観点でも大きな阻害要因となります。プロジェクトは QCD（品質・予算・納期）の観点で成功かどうかを測りますが、**目標が明確になっていないと方針の中で優先順位が決められないため、検討すべき内容や実現すべき要件が絞り込めないために、プロジェクトで設定された QCD の基準を達成することが難しくなってしまう**のです。

　たとえば、「売上を伸ばす」という目標の場合、取りうる方針に応じて「やるべきこと」は次のように決まります。一見するだけで、全てを高い品質で一度に実現することが難しいというのは理解できるでしょう。

「売上を伸ばす」という目標に向けてやるべきこと

取りうる方針	やるべきこと
新規顧客を増やす	広告キャンペーンを実施する（Google広告、SNS広告など）
	SNSフォロワーを増やす施策を実施する（投稿頻度の向上、インフルエンサーとの提携など）
	新規顧客限定のクーポンや特典を提供する
	ランディングページや商品説明の品質を重視する
	顧客レビューや動画コンテンツを商品ページに追加する
	ABテストを用いて効果的なデザインや文言を検証する
	流行商品やキーワードの調査をしてプロモーションに反映する
	顧客に口コミを促すためのレビューキャンペーンや紹介制度を導入する
顧客単価を上げる	商品ページにクロスセル（関連商品提案）とアップセル（高価格帯商品の提案）機能を追加する
	バンドル商品（セット販売）を提供する
	送料無料条件を一定金額以上の購入に設定する
	ゲスト購入オプションや多様な支払い方法を追加する
	SNSキャンペーンで話題性を高める
購入頻度を上げる	パーソナライズされたメールや通知を送信する
	ロイヤルティプログラム（ポイント制度や会員ランク特典）を導入する
	リピート購入割引や定期購入オプションを提供する
	放棄されたカートへのリマインドメールを自動化する
	購入手続きのUI/UXを改善し、ステップ数を最小限にする
	季節ごとのセールや限定商品を計画的に導入する

プロジェクト計画編

　また、これ以外にも、ECサイトとしてサービスを提供するには、システムとしての性能やセキュリティ、安定した稼働などを確保するための要件も必要です。もちろん、十分な予算と時間をかければ全ての要件を実現することは可能ですが、ほとんどのプロジェクトはギリギリの予算と納期で進められているため、現実的ではないのが通常でしょう。

　さらに、方針の優先順位が決まっていない場合、困難な状況の中で仮に90％の要件が達成されていたとしても、残りの10％に対して「あれができていない」「これができていない」とマイナスの指摘ばかりがされる可能性があり、これが行われると実行チームは一気にモチベーションが下がってプロジェクトの継続性が危機に晒されるでしょう。

正しいマネジメントの方法

　プロジェクトの目標の不明確さは経営方針の不明確さによってもたらされます。本項目で例示したECサイトの場合、「自社や商品のブランドイメージはどのようなものか」「自社が顧客に提供すべきものは何か」が明確になっていれば、自ずと取るべき方針は明確になり、優先順位をつけることも可能になります。たとえば、**「自社商品は高級感を伝えるものなので、サイトイメージの品質や話題性を最優先として、関連する要件を初期開発プロジェクトの要件とする」**といった形です。

　この判断に基づいて要件に優先順位をつけると、次の表のようになります。「今回のプロジェクトの中で何をやるべきか」が明確になり、優先して取り組むべき事項に集中することができるようになるのです。

　また、業務改善などで既に参考になるデータがある場合は、「SMARTの原則」に基づいて指標化することも有効です。「SMART」はSpecific（**具体的**）、Measurable（**測定可能**）、Achievable（**達成可能**）、Relevant（**関連性がある**）、Time-bound（**期限がある**）の5つの要素の頭文字を示しており、この原則に基づいてプロジェクトによって実現する事業上の目標を設定します。

　たとえば、業務システムの開発プロジェクトの場合は、「業務システムを開発して導入することで、導入後2年以内にグループ企業の営業部門と経理部門の売上請求処理の関連業務を合計で25％以上カットする」といった目標を設定し、何に集中すべきかを明確にするのです。

優先順位の例

取りうる方針	やるべきこと	対応時期
新規顧客を増やす	広告キャンペーンを実施する（Google広告、SNS広告など）	初期フェーズ
	SNSフォロワーを増やす施策を実施する（投稿頻度の向上、インフルエンサーとの提携など）	追加開発
	新規顧客限定のクーポンや特典を提供する	追加開発
	ランディングページや商品説明の品質を重視する	初期フェーズ
	顧客レビューや動画コンテンツを商品ページに追加する	追加開発
	ABテストを用いて効果的なデザインや文言を検証する	追加開発
	流行商品やキーワードの調査をしてプロモーションに反映する	初期フェーズ
	顧客に口コミを促すためのレビューキャンペーンや紹介制度を導入する	追加開発
顧客単価を上げる	商品ページにクロスセル（関連商品提案）とアップセル（高価格帯商品の提案）機能を追加する	初期フェーズ
	バンドル商品（セット販売）を提供する	初期フェーズ
	送料無料条件を一定金額以上の購入に設定する	初期フェーズ
	ゲスト購入オプションや多様な支払い方法を追加する	初期フェーズ
	SNSキャンペーンで話題性を高める	初期フェーズ
購入頻度を上げる	パーソナライズされたメールや通知を送信する	追加開発
	ロイヤルティプログラム（ポイント制度や会員ランク特典）を導入する	追加開発
	リピート購入割引や定期購入オプションを提供する	追加開発
	放棄されたカートへのリマインドメールを自動化する	追加開発
	購入手続きのUI/UXを改善し、ステップ数を最小限にする	初期フェーズ
	季節ごとのセールや限定商品を計画的に導入する	初期フェーズ

プロジェクト計画編

アンチパターン
18
期待の不明確さで壊れる

危険度 ★★★★☆　頻出度 ★★★★☆

役割への不明確な期待は混乱をもたらす

プロジェクトにおいて、役割を明確に定義して各メンバーに伝えることは非常に重要です。多くのプロジェクトでは開始前のプロジェクト計画に体制図が記載され、実行チームのメンバーには「プロジェクトマネージャー」や「デザイナー」「フロントエンドエンジニア」「バックエンドエンジニア」「テスター」などの役割が与えられるでしょう。しかし、そうした体制図やポジションに役職などの肩書や職種だけが記載され、「このプロジェクトで誰が何をやるのか」が明確になっていないケースがしばしばあります。

期待される具体的な役割や仕事の内容が不明確な状態でプロジェクトが始まると、誰が何をやるのかが不明なために混乱が生じたり、野球でいう「お見合い状態」（**双方が相手の出方をうかがっていて、どちらも積極的に行動しない状態**）になって停滞が生じたりすることがあります。

また、こうした状態を改善しようと責任感のある個人が多くのタスクを抱えるようになると、他のメンバーや関係者がそれを当たり前だと感じるようになり、負荷が偏ったままプロジェクトが進んでしまうこともあります。これはタスクを引き取った人の過重労働が継続されることになり、ストレスや過労で潰れてしまう可能性があります。そして、プロジェクトが停滞して炎上や失敗という結果につながってしまうのです。

成果への不明確な期待も混乱をもたらす

個別のタスクを各メンバーや関係者に依頼する際も、期待が不明確な場合は混乱が発生します。「どのような成果物が必要なのか」「いつまでに必要なのか」が明示されない場合、タスクの担当者は成果物を作成するだけでなく、成果物そのものについての悩みや、精神的な負荷を抱え

ることになります。

　たとえば、クライアントの要求に対して要件定義の提案資料を作成するなど、成果物のあり方を考えることが重要なタスク内容であることもありますが、実際にそうした作業ができるようになるには多くの業務経験や専門性が必要であるため、**担当者の経験やスキルレベルに応じて、「何がいつまでに必要か」は可能な限り明示する必要があります**。これを行わない場合、必要な成果物の品質や方向性が揃わないために、多くの手戻りや成果物同士の齟齬が発生してプロジェクトが遅れるだけでなく、担当者のモチベーションも大きく損なうことになります。

評価とのズレでさらにモチベーションダウンに

　具体的に役割として何を期待している／されているかが不明確な状態は、プロジェクト進行中に混乱をもたらすだけでなく、評価の際にも大きな影響をもたらします。組織で評価を行う際は、「組織にとってどんな役割を果たしてほしいか」が一つの大きな評価軸となります。

　経営者や管理職は、採用した人が業務経験を積んで成長することで、「組織においてどのような役割を果たすようになってほしいか」を念頭に評価を行うのです。しかし、こうした期待が評価される人に明確に伝わっていない場合、**実際に努力したことと受ける評価の間にギャップが生じて、大きなモチベーション低下の要因となります**。

　たとえば、ある中堅クラスのITエンジニアがプロジェクトの進行と成功のために多くのタスクを引き取り、それによってプロジェクトが着実に成功していたにもかかわらず、評価する側は「若手を育てる役割を担ってほしい」と考えていた場合、良い評価を受けることは難しいでしょう。こうした状況が発生すると、評価を受ける側は徒労感を覚えてしまい、これが続くと燃え尽きてしまうのです。

正しいマネジメントの方法

　プロジェクトにおいては、役割とタスクの依頼内容、評価軸について明確にする必要があります。プロジェクトが始まるとき、タスクを依頼するときには次の表のように明確に相手に伝えておきましょう。

相手への「期待」として伝えるべきこと

期待のカテゴリ	伝える内容
役割	**プロジェクトでどのような役割を果たしてほしいか** 例：スキルと経験を活かして基本設計などの高度なタスクを担当し、技術的な側面でプロジェクト全体が品質を担保できるように、若手のタスクの面倒も見てあげてほしい。
タスク	**プロジェクトとして必要な成果物の方向性** **納期** 例：業務フローをまとめたいので、各部署の担当者に業務のヒアリングをしてその概要をスプレッドシートにまとめてほしい。可能であれば今月中に実施してほしいが、難しい場合は調整するので早めに教えてほしい。
評価	**組織として期待する中長期的な役割への期待** 例：将来的には開発チームのロールモデルとなるような活躍を期待しているので、自身のスキルと経験を伸ばすとともに若手の育成の観点でもプロジェクトに携わってほしい。そのために必要な施策の提案があればいつでも教えてほしい。

　プロジェクトでは相手の年齢や役職が上だったり、受発注関係があることでプレッシャーを与えないようにと遠慮してしまってこれらを明確に伝えないことがありますが、これは相手にとっては確認することや考えることを増やすことになり、かえって手間を取らせることになります。本当に相手のためを考えるなら、**期待する役割や成果物の方向性、納期について明確に伝え、相手の状況や希望と調整するのが適切**です。また、それはプロジェクトの効率性にも寄与し、成功の確率を上げることにもつながるでしょう。

プロジェクト計画編

アンチパターン
19

非現実的な工数とスケジュールで壊れる

危険度 ★★★★★　頻出度 ★★★★★

非現実的な計画による失敗はよくある原因の一つ

　非現実的な計画による失敗はプロジェクトに関わっていると最も見かける失敗パターンの一つです。「08 非現実的な締切りを設定されて壊れる」で取り上げたのは単一のタスクのため、まだ他のタスクを調整したり、プロジェクトのバッファ（あらかじめ想定した余分な工数）で吸収したりすることで対応できますが、プロジェクト全体の計画が破綻している場合はプロジェクトそのものの失敗に直結する可能性が非常に高くなります。

　次の図はプロジェクトが失敗する原因を表したものです。プロジェク

プロジェクトが失敗する原因

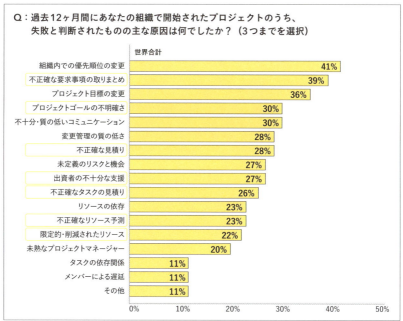

出典：“Pulse of the Profession 2017”（PMI）より作成。和訳は筆者
https://www.pmi.org/-/media/pmi/documents/public/pdf/learning/thought-leadership/pulse/pulse-of-the-profession-2017.pdf

ト計画に関わるものとして、「**不正確な要求事項の取りまとめ**」「**プロジェクトゴールの不明確さ**」「**不正確な見積り**」「**出資者の不十分な支援**」「**不正確なタスクの見積り**」「**不正確なリソース予測**」「**限定的・削減されたリソース**」と非常に多くの要因が挙げられています。

安請け合いはする方にもさせる方にもリスクがある

　一般にプロジェクトでは人件費が予算の多くの割合を占めるため、金額は大きなものになりがちです。シンプルなアプリを作るだけでも数百万円から数千万円、業務システムや新規サービスを立ち上げるには数億円以上かかることも珍しくありません。

　こうした金額を投資する側の立場から見れば、「できるだけ安く・早く・いいものを」という心理になるのは当然のことでしょう。また、プロジェクトが外部に発注される場合は、受注側が予算や納期を低く見積もって競合よりも安い金額を提示しようとするのは無理もないことです。しかし、そうした背景から作られる**非現実的な計画によって失敗するケース**はプロジェクトの現場に関わっていると、日常的に見聞きします。

　たとえば、少しでも予算や納期を圧縮しようとテストを削ったために業務システムが停止して削った金額よりも大きな被害が発生したり、要件定義に想定よりも時間がかかったにもかかわらず全体の計画を立て直さなかったためにプロジェクトが炎上したり、要件変更や追加要件が大幅に増えたにもかかわらず必要な体制を調整しなかったために大失敗したりしてしまう、という例は枚挙にいとまがありません。

プロジェクトは全体性が高いため、たとえば20%の予算を削ると80%の品質の成果物が出来上がるというわけではなく、**削った部分が全体の品質に大きく影響して、全く使い物にならないシステムやWebサービスになってしまう可能性がある**のです。予算や納期の圧縮はプロジェクトやその成果物の品質を大きく下げる可能性があるだけでなく、長期にわたるストレスフルな環境の影響によって関わる人に与えるダメージも大きく、離脱者や退職者を多く出してしまいます。

決裁手続きの手間や経営陣への説明を避けるために必要な追加予算やスケジュールの延長を渋ったり、広報やマーケティング、営業などの対外的な約束のために無理なスケジュールをプロジェクトに押し付けたりすると、その代償は大きなものになるということをプロジェクト関係者は共通認識として持っておく必要があります。

正しいマネジメントの方法

　非現実的な計画によるプロジェクトの失敗を避けるには、ただ一つの方法しかありません。それは**「積み上げ式で必要な工数を見積って計画を立て、要件変更や追加要件が入った際は必ず再計画を実施する」**ということです。当たり前のことのように聞こえるかもしれませんが、前掲の図で見た通り、それができていないことで失敗するプロジェクトが今も後を絶たないのです。

　実際のビジネスの現場では、プロジェクトを始めるまで要件のボリュームが見えなかったり、契約上の縛りがあったり、顧客からのプレッシャーが強かったりして、再計画が難しいこともありますが、プロジェクトが失敗すると結果的に誰も幸せにならないため、下記のポイントを踏まえて再計画ができるように共通認識を持っておくことが円滑なプロジェクト進行の鍵となります。

- プロジェクト計画の際は現実的な工数を積み上げて計画に落とし、予算や納期などの調整はそれを元に行う（**最初から無理な計画を立てない**）
- プロジェクト初期の概算見積りはあくまでも目安であることを関係者に伝え、要件定義や基本設計が終わった段階で**詳細見積りを行って計画を見直す**ことを理解してもらう
- できるだけ納期や費用が決まった請負契約は締結しないようにする（プロジェクトは**準委任契約で実施**する）
- 要件変更や追加要件が入った際は**再計画を行う旨を合意**する

> アンチパターン
> **20**

変更管理の不十分さで壊れる

危険度 ★★★★★　　頻出度 ★★★★★

プロジェクト計画編

プロジェクトに計画は必要だが固執してはいけない

　プロジェクトは不確実性を扱う取り組みであるため、**計画の変更は避けられない**ものです。プロジェクトの進行中に要件が変更になったり、着手するタスクや課題の優先順位が変更になったり、競合や市場の状況が変化したりすることはどんなプロジェクトでも起こり得ます。こうした状況の変化に応じた変更管理ができない場合、プロジェクトに混乱が発生して炎上や大きなトラブルにつながります。プロジェクトにおいて重要な変更管理は次の通りです。

- 前提条件の変更に伴うプロジェクトの再計画
- 課題を検討する際のプロセスと決定内容
- タスクの優先順位を変更した際の経緯の記録と周知

　「19 非現実的な工数とスケジュールで壊れる」で触れた通り、見積りの前提となる条件の変更が入った場合は予算と納期を見直す必要があるため、プロジェクトの再計画が必要となります。前提条件が覆るほどの大きな変更でなくても、**プロジェクト進行の際の検討プロセスの記録や決定した方針、タスクの優先順位の変更については後から関係者がいつでも確認できるようにまとめて共有しておく**必要があります。

検討プロセスが記録されないと遭難する

　登山や狩りなどで深い森に入る際、テープなどで自分がいた場所や進んだ方向に目印をつける（マーキングする）のを目にしたことがある人は多いでしょう。このマーキングを行わない場合、GPS や方位磁石を持っていなければ何度も同じところをグルグルと回って遭難してしまい

ます。これはプロジェクトでも同じことがいえます。

　プロジェクトでは膨大な量の検討事項が発生しますが、これらを正確に記録して共有しておかないと、**何度も同じ検討をすることになったり、同じ議論が繰り返されたり、以前の決定と矛盾する方針が決定されたりするなど、無駄な時間やリソースの浪費が生じやすくなります。**

　また、特に複数のチームや部門が関与するプロジェクトでは、これが深刻な問題となることがあります。たとえば、実行チームAの決定事項と実行チームB の決定事項が矛盾していて、それに気づかないままプロジェクトが進行し、最終的にテストの段階でそれが発覚して要件定義からやり直さなければならなくなったりすると、炎上や大幅な計画変更は避けられなくなります。

　さらに、こうした悪影響の責任をなすりつけ合うようになると、**「言った言わない」の水掛け論**が発生して、チーム間の信頼関係にヒビが入り、人的な影響も大きなものとなります。

　他にも、ビジネス側の要求を技術的な観点で調査した結果、部分的にしか要求を実現できない場合などは、それが適切にビジネス側に伝えられないと、プロジェクトの終盤になって露見することとなって大きなトラブルにつながることがあります。

タスクの優先順位が不明確になるとプロジェクトが行方不明に

多くのプロジェクトでは開始時に WBS（Work Breakdown Structure：作業分解構造図）やガントチャートなどでタスク実施計画が共有されま

す。こうした計画は「誰がいつ何をやるのか」をチームや関係者に共有する意味で重要なものですが、**計画を立てるのと同じくらい、変更管理を行うことが重要**です。

　たとえば、本来は A というタスクをBさんが実施する予定だったのが、Bさんの先行タスクが予定していた完了日時より遅れたために担当者を Cさんに変更したり、先行タスクで技術調査をやったところタスクAよりもタスクD を進めるほうが効率的であることが判明したりするなど、タスクの実施に関する変更はプロジェクトでは頻繁に発生します。

　こうした変更に関する記録や情報共有を疎かにするとプロジェクトは非効率的な状態となり、「誰がいつ何をやるのか」が次第にわからなくなっていきます。これが続くと、「プロジェクト上優先すべきタスク」と「担当者が着手するタスク」にズレが生じるようになって、遅延や炎上へとつながっていきます。

正しいマネジメントの方法

　プロジェクトが行方不明になって遭難しないようにするためには、次のポイントに留意してプロジェクトを進めることが重要です。

- **議事録**は必ず取っていつでも参照できるようにしておく
- 作成した資料は**所定の場所に保管して共有**しておく
- タスクマネジメントツールなどを利用して、**タスクの作業経緯や変更に関するログ**は必ず残しておく

　議事録は過去の検討の経緯や結果を保管して、同じ議論が起こることを防ぐだけでなく、忘却や記憶違いによる不満やトラブルを解消するという点でも重要です。人間は往々にして**過去に話したことや決まったことを忘れたり、場合によっては間違えて記憶していたりする**ため、記録を保管しておくことは極めて重要です。打ち合わせでは必ず議事録を取る人を決めておいたり、録音・録画をしたり、生成AIを利用してそれを文字起こししたりしておきましょう。プロジェクトの状態や関係者との関係性が良好な場合はこうした作業を不要なものに感じることがありますが、プロジェクトが切羽詰まった状況になると認識のズレがトラブルの元になるため、保険の意味でも必ず実施しましょう。

　資料やタスクの情報は**タスクマネジメントツールやクラウドサービスを利用して記録や共有をする**のがポイントです。エクセルやスプレッドシートでもタスクマネジメントは可能ですが、経緯を詳しく書き込んだり、複雑かつ大量の情報を扱うには不向きであるため、専門のツールを使うことで情報管理の煩雑さを大きく減らすことができるのです。

プロジェクト計画編

アンチパターン
21
プロジェクト方針の変更で壊れる

危険度 ★★★★★　　頻出度 ★★★☆☆

プロジェクトの方針変更は要注意

　プロジェクト進行中に方針変更が発生することは、現代のビジネス環境において避けて通れない課題です。市場環境の変化や経営方針の変更、あるいは顧客の要望が急激に変化することで、プロジェクトの方向性を修正する必要が生じることは珍しくありません。しかし、こうした方針変更が適切になされない場合、プロジェクトチームに大きな負担をもたらすだけでなく、プロジェクトそのものの成功率を著しく低下させることがあります。それだけでなく、チームメンバー個々のモチベーションや心身に深刻なダメージを与える可能性も否定できません。

　特に深刻な問題となるのは、**「方針変更が突然行われ、変更の理由が十分に説明されない場合」**です。こうした状況では、メンバーは「これまでの作業が無駄になったのではないか」「また同じことが繰り返されるのではないか」と不安を感じるようになります。この不安が解消されないままプロジェクトが進行すると、メンバーは次第に組織やプロジェクトそのものへの信頼感を失い、自分がこのプロジェクトにおいてどのような役割を果たすべきなのか疑問を抱き始めます。

　さらに、**方針変更が頻繁に行われる場合、その影響はチーム全体に広がり、メンバーの心理的負担が一層増大**します。方針が変わるたびにプロジェクト計画が見直され、タスクの優先順位が変動することで、メンバーは自分たちの業務がどのような目的を持って行われているのか、またプロジェクト全体がどの方向に進んでいるのかを見失うことになります。この「変化疲れ」によって、チーム全体の集中力や生産性が低下し、最悪の場合、メンバーがバーンアウト（燃え尽き症候群）に陥ることもあります。

プロジェクトの方針変更の際は再計画が必須

　方針変更が予算やスケジュールの見直しなしに行われた場合、メンバーにかかる負担はさらに増大します。特に、方針変更に伴いスケジュールが圧縮されるにもかかわらず、プロジェクトの再計画が行われず追加の人員や予算も確保されない場合、メンバーは無理な働き方を強いられることになります。これが慢性的な残業や休日出勤といった「炎上状態」を引き起こし、チームメンバーの健康やプライベートが犠牲になる結果を招きます。こうした状態が続くと、プロジェクトそのものの成果にも悪影響が及び、期待される結果が得られないばかりか、チームの士気や信頼関係にも深刻なダメージを与えることになります。

　さらに、方針変更が繰り返される中で上層部に対する信頼が揺らぐと、「どうせまた変わる」という諦めや、「自分たちの意見は尊重されていない」という不満が蓄積されることになります。このような状況が長く続くと、メンバーの積極性が失われ、プロジェクトへのコミットメントも低下します。それにより、離職や休職が発生すると、プロジェクトの進行はさらに遅れ、問題が連鎖するという悪循環に陥るのです。

正しいマネジメントの方法

　プロジェクト方針の変更を効果的に管理するためには、次のような方法が有効です。

①変更の理由を明確に説明する
　方針変更が必要になった背景や目的をメンバーにしっかりと説明します。これにより、変更に対する納得感を得られ、モチベーションの低下を防げます。

②再計画を実施する
　方針変更がプロジェクト全体にどのような影響を及ぼすかを事前に評価し、工数やスケジュールの調整を行います。無理な計画変更は、チームの負担を増大させる原因になります。

③段階的に変更を進める
　大規模な変更を一気に実施するのではなく、要件定義の再実行や基本設計の見直しなど、小さなステップに分けて変更を進めます。これにより、チームが変化に適応しやすくなります。

④チームとのコミュニケーションを強化する
　方針変更に関する不安や疑問を解消するために、定期的にチームと対話する機会を設けます。メンバーが率直に意見を言える環境を作ることが重要です。

⑤適切なリソースを提供する
　方針変更に伴う追加タスクに対して、必要なリソース（人員、時間、予算）を適切に配分します。無理な負荷をかけないことが、長期的な成功につながります。

　これらの取り組みを通じて、プロジェクトチームが方針変更に適応しやすくなり、メンバーが「壊れる」事態を防ぐことができます。適切な再計画を実施することがプロジェクト成功の鍵です。

プロジェクト計画編

アンチパターン
22

経営陣の無理解で壊れる

危険度 ★★★★★　　頻出度 ★★★☆☆

プロジェクトの成功には経営陣の理解が不可欠

プロジェクトの成功には、経営陣の理解と支援が欠かせません。経営陣がプロジェクトの重要性や現場の状況を十分に理解していない場合、その結果としてプロジェクトが失敗するだけでなく、チームや人材が壊れてしまうケースがあります。これは組織のプロジェクトの推進力を失うという意味で、中長期の組織の競争力にも大きな影響を与えます。

まず、**経営陣がプロジェクトの目的や全体像を正確に把握していない場合、現場に対して不合理な要求や指示が出される**ことがあります。たとえば、短期間での成果を要求したり、工数やスケジュールの観点を考慮しないまま追加要求を指示するケースです。このような状況では、プロジェクトチームは現実的でない目標に対応せざるを得ず、無理な働き方を強いられることになります。その結果、メンバーは過労やストレスにさらされ、生産性の低下やバーンアウトに陥る可能性が高まります。

また、経営陣が現場の声に耳を傾けない場合、組織への信頼が損なわれることがあります。たとえば、**メンバーからの改善提案や課題報告が無視されたり、適切な意思決定がなされない場合、メンバーは「自分たちの努力が軽視されている」と感じます**。このような環境では、チーム全体の士気が低下し、プロジェクトの成功を通じて組織に貢献しようという意識が薄れてしまいます。

要求に応じたリソースが求められる

経営陣が現場に理不尽な要求を突きつけるのは、**「要求に応じたリソース（予算や工数、スケジュール）が必要である」**という現実を理解

できていないことが理由にあることが大半です。特にプロジェクトで必要とされる専門知識（IT や業務知識）が乏しい場合、自分たちが求める要求にどの程度のリソースが必要なのかを経営陣があらかじめ想定できていないという状況が発生しやすくなります。

たとえば、経営陣から「アプリやシステムの機能の仕様に対して小さな変更を要求しただけなのに、実行チームから過大なリソースの追加要求が来た」といった不満を聞くことはしばしばあります。しかし、アプリやシステムで機能の一部を変更すると、影響範囲の確認や設計、実装、テストのやり直しをそれぞれ関連するメンバーが実施する必要があり、そのための工数やスケジュールの調整が必要となります。

プロジェクトの方針や要件の変更は料理を作っている最中に注文の変更を要求するようなもので、変更の内容によっては非常に大きなインパクトになることがあります。中華料理店で味噌ラーメンを注文した後に「やっぱり醤油ラーメンが食べたい」と言っても、作り直しになるのと同じことです。どの程度作り直しになるのかは注文の内容によりますが、影響範囲の判断には専門知識が必要です。つまり、専門知識を持っていない経営陣が「少しの方針変更」だと思っていても、プロジェクトへの影響範囲は大きなものになることがあるのです。

そして、プロジェクトの方針変更に必要な予算や人員が十分に確保されないままプロジェクトが進行すると、メンバーは限られたリソースの中で成果を出さなければならず、過剰な負担を抱えることになります。このような状況では、チーム内での不満や対立が生じ、プロジェクト全体の生産性が低下するだけでなく、メンバーの健康や生活にも悪影響が及びます。

正しいマネジメントの方法

　経営陣の無理解による問題を防ぐためには、以下のアプローチが効果的です。

①プロジェクトの重要性を明確に共有する

　プロジェクトの目的や期待される成果を経営陣にわかりやすく説明し、その価値を共有します。特に、経営陣が重視する「プロジェクトが企業全体に与える費用対効果」についてデータや具体的な事例を用いて伝えることで、理解を促進します。

②定期的な報告と対話を行う

　プロジェクト計画に明確なマイルストーン（中間目標地点）を置いて、進捗状況や課題を定期的に経営陣に報告し、対話を通じて共通認識を築きます。報告は簡潔でわかりやすくまとめると同時に、現場の課題や提案も含めることが重要です。

③合理的な意思決定を促す

　重要な意思決定の場では、それまでの検討経緯や、今回の意思決定によるプロジェクトや成果物への影響を簡潔かつ明確にまとめておいて、合理的な意思決定がなされるようにしましょう。これによって、矛盾する意思決定や、気分やその場の流れによる非合理的な意思決定が下されるのを防ぐのです。

④リソース確保を優先する

　プロジェクトの方針や前提条件、重要な要件の変更があった場合は、必ず再計画を行います。影響範囲の確認と対応に必要な工数の見積りを行い、明確な計画を元に予算とスケジュールの追加を求めます。また、それが行われない場合のリスクについても明確に説明を行い、理解を促します。

プロジェクト計画編

アンチパターン
23

プロジェクトの不確実性で壊れる

危険度 ★★★★☆　頻出度 ★★★★☆

プロジェクトに不確実性はつきもの

プロジェクトの計画や実行において、「不確実性」は避けられない課題の一つです。プロジェクトは**開始時点で正確に予測できない要素、たとえば、やってみないとわからないことや工数を使って調べてみないとわからないことが非常に多い**のが一般的です。また、進行中に予期しないリスクが顕在化する可能性もあり、これらの不確実性やリスクに対応しないとプロジェクトの進行が混乱し、最悪の場合、チームメンバーの心身に深刻なダメージを与えることがあります。

プロジェクトの不確実性が問題となるのは、その影響が計画全体に及ぶ可能性があるためです。通常、プロジェクトではバッファ（余分な工数やスケジュール）を確保してメンバーの病欠やタスクの遅延、技術的な課題の解消などを吸収しておきますが、しばしばバッファでは吸収できないリスクが顕在化することもあります。

たとえば、生成AIなどの新しい技術を使用するプロジェクトでは、その技術が期待通りに動作するか、チームが学習して十分にシステムやアプリに実装できるか、また実現した機能をユーザが理解して受け入れることができるかなどの不確実性が存在します。また、Amazon やGoogle、Microsoft などの巨大なグローバル企業が同種のサービスを開始するなど、競合や市場の動向が変化することで、プロジェクトのゴールそのものが揺らぐ場合もあります。**こうしたリスクが顕在化した場合は、一旦立ち止まってプロジェクトの目的や意義、方針について再検討する必要があります**が、納期のプレッシャーからそれを行わずに明確な方向性が見えないまま突き進むことは、チームにとって大きなストレスとなります。

プロジェクト計画編

目的意識の欠如は深刻な影響をもたらす

　どんなプロジェクトでも、数ヶ月から数年程度の長期間にわたり不確実性と戦う必要があります。特に不確実性が高いプロジェクトでは、膨大な量の検討事項やタスクをこなしながら、技術的な課題やスケジュールの調整などに日々埋没し、プロジェクト全体に影響するリスクが顕在化した際は、再計画に取り組むことになります。そして、**こうした不確実性に揺さぶられやすい状況では、チームの中で「目的意識の欠如」が生じる**ことがあります。

　プロジェクトのゴールが明確でない場合、目の前の課題に熱心に取り組むあまり、メンバーは「自分たちが何のために一生懸命働いているのか」がわからなくなるのです。こうした状態では、プロジェクト全体へのコミットメントが弱まり、チームの一体感や士気が低下します。また、**精神的な安定性が損なわれることから意見の対立や調整の際の摩擦**も生じやすくなり、チーム内や関係者の間でのトラブルも発生しやすくなります。不確実な状況でトラブルが発生するとプロジェクトの進行に深刻な影響を与えることが多く、それが失敗の原因となることもあります。

経営陣の理解は不可欠

　プロジェクトチームや関係者が不確実性と戦う際は経営陣の理解が必要不可欠です。「22 経営陣の無理解で壊れる」で説明した通り、プロジェクトを成功させるには必要なリソースが提供される必要がありますが、そもそも「プロジェクトは本質的に不確実性を扱う取り組みである」という理解が欠けている場合、**モノを購入する感覚でプロジェクトを捉えている**ことがあります。つまり、「高い金を払っているのだから、必要

なものが期日までに納品されるのは当たり前だ」という感覚でプロジェクトを捉えてしまうのです。

　こうした考え方はプロジェクトの本質的な特性である不確実性を理解していないため、大幅な前提条件の変更やプロジェクト方針の変更の際に必要となる「リソースの追加を伴う計画の変更」を受け入れる余地がありません。さらに、こうした考え方がプロジェクトチームに対して強硬的な姿勢として表れると、チームは厳しい条件で過大な要求を実現することとなり、大幅に疲弊して失敗の要因となるのです。

プロジェクト計画編

正しいマネジメントの方法

プロジェクトの不確実性を適切に管理し、プロジェクトの成功確率を上げつつチームを壊さないようにするためには、以下の方法が有効です。

①リスクの洗い出しと優先順位付けを行う

プロジェクトの初期段階で、既に考えられるリスクをリストアップし、影響の大きさや発生可能性に基づいて優先順位を付けます。リスクごとに対応策を検討し、計画に組み込むことで、不測の事態への準備が整います。また、このリスクを経営陣にも共有することで、「プロジェクトは本質的に不確実性を扱う取り組みである」という認識を持ってもらうようにします。日本の多くの企業ではプロジェクトはまだ経験の浅い取り組みであり、正確な業務を繰り返すルーチンワークとは異なる取り組みであることを共通理解の土台とするのです。

②柔軟な計画を立てる

不確実性が高い場合、詳細すぎる計画を立てるよりも、変更に対応しやすい柔軟な計画を採用します。たとえば、マイルストーンを短期間で設定したり、プロトタイピング（簡単な試作品を作って検証すること）を導入したりして、状況に応じて計画を見直すアプローチが効果的です。また、組織の仕組み上の理由で追加予算の確保が難しい場合などは予算を見積り金額に合わせるのではなく、多めの予算を積んでおくなどの対処も有効です。

③チームとの透明なコミュニケーションを保つ

不確実性についてチームや関係者、経営陣とオープンに話し合い、現状やリスク、対応策を共有します。不確実性に対する不安を解消するために、メンバーの意見を聞き、信頼関係を築くことが重要です。

アンチパターン
24

意思決定過程への非参加で壊れる

プロジェクト計画編

危険度 ★★★★☆　頻出度 ★★★☆☆

密室での意思決定は要注意

プロジェクトの成功には、チームメンバーが意思決定の過程に関与し、**自分たちの意見が尊重されていると感じること**が重要です。しかし、意思決定が一部のリーダーや経営陣だけで行われ、現場のメンバーがその過程に参加できない場合、チームの士気や協力体制が壊れる原因となります。このような状況は特に、上意下達の傾向が強い組織において、複雑で長期にわたるプロジェクトが行われる場合に顕著に表れます。

疎外感は貢献意欲を削いでしまう

意思決定過程への非参加が問題となるのは、メンバーが「自分たちの意見が軽視されている」と感じるためです。たとえば、現場の状況や実際の業務フローを理解しないまま決定が下されると、メンバーは「無理な計画が押し付けられている」と受け取り、モチベーションを失うことがあります。

また、**意思決定過程への非参加は、チーム全体の不安を高める要因**にもなります。決定の背景や理由が明確に説明されない場合、メンバーは「次に何が起きるかわからない」といった不安を抱きます。このような状況では、メンバーがプロジェクトの方向性に疑問を持ち、自分の役割や価値に対する信頼感を失いがちです。その結果、プロジェクト全体の一体感が弱まり、チームのパフォーマンスが低下します。

良い意思決定には現場の見解が必要

実際のプロジェクトでは、しばしば**「業務や技術のエキスパートが参加していれば下されなかった非合理的な決定が下される」**という場面が

発生します。たとえば、「工数が大きくかかる機能変更が決定された会議で、ITエンジニアが出席していればより少ない工数で実装できる他の機能が提案できた」というような例です。同様に、現場の業務を詳しく知らない人が意思決定を行った結果、使い勝手の悪い業務システムが作られ、かえって業務が複雑になるという問題が発生することもあります。

「プロジェクトに関する意思決定に現場が参加できない」という制約は、モチベーションの低下だけでなく、具体的な成果においても大きな損失を招く可能性があります。現場の視点が欠けた状態では、プロジェクトの進行が非効率になるだけでなく、最終的な成果物の質も低下するのです。

信頼関係の喪失にも

意思決定過程への非参加がもたらすもう一つの大きな問題は、組織全体の信頼関係が損なわれることです。たとえば、「現場の声を反映しない経営陣」というイメージが強まると、チームと経営陣の間に深い溝が生じます。このような環境では、**メンバーが問題を報告したり、改善提案を行ったりする意欲が低下し、プロジェクト全体の柔軟性や適応力が著しく損なわれる**可能性があります。

また、現場の意見が軽視されることで、メンバーは「自分たちの貢献が評価されていない」と感じ、プロジェクトへの関与意識が薄れます。結果として、プロジェクトの進行における課題やリスクが見過ごされる可能性が高まり、大きなトラブルにつながります。

正しいマネジメントの方法

　意思決定過程への非参加による問題を防ぐには、以下の方法を取り入れることが効果的です。

①現場の意見を積極的に収集する

　プロジェクトに関する意思決定が下される前に、その選択肢について現場のメンバーから見解を収集します。これにより、決定された方針の実行可能性が確保され、現場の状況を反映した現実的な計画を立てることができます。

②意思決定プロセスをオープンにする

　参加者が限定されていたり、予算が関連するなどチームメンバーが参加できない会議で行われる意思決定についても、リーダーやマネージャーは決定された方針の背景や理由をメンバーに共有し、透明性を確保します。また、多くの意見が必要なテーマについては、ワークショップやミーティングを開催し、チーム全体で議論する場を設けることも有効です。

③小さな意思決定に関与させる

　全ての意思決定をトップダウンで行うのではなく、タスクの優先順位や実行方法などの小さな意思決定をメンバー自身に委ねます。これにより、主体性を育み、責任感を高めることができます。

④定期的なフォローアップを行う

　決定内容がどのように進捗しているか、また変更が必要な場合はその理由を共有することで、メンバーの不安を軽減します。適切なフォローアップは、チームの信頼を築く基盤となります。

　これらの方法によって、チームの一体感や士気を高め、プロジェクトの成功確率が向上し、持続可能なチーム運営が実現します。

プロジェクト計画編

プロジェクトマネジメントの基礎知識

　プロジェクト計画は、これからプロジェクトで実現しようとしている要件や必要な費用、スケジュールに関する組織との「約束」を表したものです。しかし、プロジェクトは不確実性を扱う取り組みであるため、最初に立てた計画通りに進むことはほぼありません。そこで、プロジェクト計画に関するマネジメントも不可欠なものとなります。

プロジェクト計画についての正しい認識を持つ

　プロジェクト計画は経営陣やクライアントに承認されて初めて実行に移すことができます。プロジェクト実行中に現実との乖離が発生した場合は、アップデートを行ってその乖離を埋め、新たな見通しについてプロジェクト実行チームと意思決定との間に合意を形成する必要があります。しかし、絶対的なものとしてプロジェクト計画に固執してしまうと、この合意形成ができなくなるため、関係者が共通して「プロジェクト計画とはどのようなものか」という認識を持っておきましょう。

決めるべきことを適切に決める

　プロジェクトを成功に導くには、意思決定者がプロジェクトを進めるうえで必要な物事（要件やプロジェクト計画の変更など）について適切な意思決定を行う必要があります。この意思決定が曖昧であったり明確な判断基準がなかったりして、適切に行われない場合、プロジェクトの失敗確率が大幅に上がります。プロジェクトの意思決定が必要な際は、

意思決定者が適切な判断を下せるようプロジェクトチームがサポートを行うとともに、意思決定者は判断基準を明確にして判断を下すことが求められます。

プロジェクト実行チームに責任を背負わせすぎない

プロジェクト計画と実態の乖離が発生した際、その責任をプロジェクト実行チームの責任に帰すことがしばしばあります。しかし、「19 非現実的な工数とスケジュールで壊れる」でご説明した通り、プロジェクト実行チームの責任だけで失敗することは多くなく、また事業投資の観点でも上層部や発注者には大きな責任があります。権威主義的な組織ではこの責任についての認識が欠けていることがありますが、「事業のためにプロジェクトを実施している」という認識の元、責任の追及ではなく適切な対処が行われるようにします。

意思決定者とプロジェクト実行チームの対話を進める

プロジェクトという取り組みに対する認識が欠けている組織の場合、意思決定者が技術や取り組みの性質について「よくわからない」という理由で無関心であることがしばしばあります。もちろん、プロジェクト実行チームのレベルで技術や取り組みについて理解する必要はありませんが、プロジェクトの丸投げやその結果としての失敗には、無関心や無理解が背景にあることが多いため、可能な限りチームとの対話を持つようにすることが求められます。また、その際は過度な介入や批判的な態度を避け、建設的な態度で望むことが重要です。

コミュニケーション編

前例のない不確実な物事を扱う際には適切なコミュニケーションが必要です。働く人を単なるビジネスの歯車として捉え、「仕事なんだからやれ」という強権的なスタンスのコミュニケーションでは、新しい取り組みを成功させて事業を継続的に発展させることは困難です。本編では、コミュニケーションに関するアンチパターンと正しく実践するための基礎知識をご説明します。

アンチパターン
25

コミュニケーションの不足で壊れる

危険度 ★★★★☆　頻出度 ★★★★☆

プロジェクトで必要なコミュニケーションとは

　仕事におけるコミュニケーションの重要性は誰もが認識しているでしょう。実際、同じオフィスにいても、メンバー同士でほとんど会話が交わされないような寒々しい現場では、日々刻々と状況が変わるプロジェクトを成功に導くことは難しいのが現実です。しかし、プロジェクトを成功に導くという観点では、単にコミュニケーションの量だけでなく「質」の観点も欠かせません。

　職場内でのコミュニケーションについては、昔から飲み会がお互いを知る場として活用されてきました。しかし最近は特に若い世代で「タイパ（タイムパフォーマンスの略で、時間の効率性のこと）」という言葉がよく使われるようになっており、そうした考え方を持つ人は職場の飲み会を「時間の無駄」だと考えて忌避する傾向があります。職場の人とのコミュニケーションは勤務時間内に留めて、プライベートの時間を大事にしようと考えている人が増えているのです。

　また、飲み会ではなく社内に部活やサークルなどのレクリエーションの場を設けて同様の効果を期待する組織も多く聞くようになりました。IT企業ではチャットをコミュニケーションの場として提供し、業務外の会話でも行えるようにしているケースもあります。しかし、そうした**コミュニケーションの量を増やす取り組みは「プロジェクトを円滑に進めて成功率を上げる」という観点ではあまり効果がありません**。

必要なコミュニケーションが欠けていると起こること

プロジェクトにおける「必要なコミュニケーション」とは、**プロジェ**

コミュニケーション編

クトの進捗状況、リスク、課題、そして解決策に関する情報の共有や、意思決定の過程における意見交換を指します。これらが欠けている場合、どれほどチームや社内の雰囲気が良好でも、プロジェクトの円滑な進行や成功の達成は難しくなります。

　プロジェクトに必要なコミュニケーションが欠けていると、「心理的な負担」が増大します。たとえば、課題や不安を共有する場がない場合、メンバーは「自分だけが問題を抱えている」と感じ、孤立感を抱くことがあります。また、コミュニケーション不足は「誤解」や「対立」を生み出す温床にもなります。特に役割分担や優先順位が明確にされていない場合、チーム内で意見の食い違いが生じ、建設的な議論が行われずに摩擦が発生することがあるのです。さらに、カジュアルな関係では「甘え」も生じやすくなります。プロジェクトではポジションに応じた公平な負担感がなければ信頼関係が崩壊してしまいますが、甘えは「断れない人」に一方的に負担をかけやすくしてしまい、最終的にその人を潰してしまうことにもつながります。

コミュニケーションの「質」が重要

　飲み会やレクリエーションで和やかな雰囲気を作り出しても、それがこれらの業務上の具体的な問題解決に結びつかなければ、対立は潜在的に残り続け、プロジェクトの円滑な進行に支障をきたし、いずれ深刻な影響を及ぼします。**プロジェクトが失敗すれば各関係者のメンタルやキャリア上のダメージも大きくなり、最終的には個人的な人間関係も解消されてしまう**でしょう。

　コミュニケーション不足は、プロジェクト全体の成果にも悪影響を与

えます。たとえば、顧客やステークホルダーとの連携が不十分な場合、プロジェクトの成果物が期待を満たさず、失敗に終わるリスクが高まります。さらに、チーム内外で情報共有が行われていないと、リスクや課題が放置され、後々取り返しのつかない事態に発展する可能性もあります。

また、社内の飲み会やレクリエーションなど、コミュニケーションの質ではなく「量」のみに頼ろうとすると、リモートワークや外部人材・外部企業と進めるプロジェクトの場合に、今度はチームや企業間の「温度差」が生じて、新たな問題を引き起こすことがあります。プロジェクトにおけるコミュニケーションは、必要な情報が十分に共有されていることが重要です。もちろん、関係者の仲が良いことは悪いことではないため、コミュニケーションの質が担保された状態で量を確保することは良い施策となります。

コミュニケーション編

正しいマネジメントの方法

　コミュニケーション不足を防ぐには、まず「仲の良さ」と「信頼関係」の違いを理解することが必要です。そして、信頼関係を構築するために必要なコミュニケーションを以下の方法で実践することが重要です。飲み会やレクリエーションは「補助的な要素」として活用し、必要なコミュニケーションを補完する形で運用すると良いでしょう。

①目的と進捗の共有を徹底する

　プロジェクトの目的や進捗状況、リスクについて、定期的なミーティングやツールを活用してチーム全員に共有します。これにより、認識のズレを防ぎます。

②双方向のコミュニケーションを促進する

　現場の意見や提案を積極的に吸い上げ、意思決定に反映します。これにより、メンバーは自身がプロジェクトに貢献している実感を得られます。また、プロジェクトに経験が浅いメンバーが多い場合は、コミュニケーションルールを設定し、愚痴や陰口、過剰な批判など、非生産的なやり取りが生じないようにする工夫も有効です。

③役割とタスクを明確化する

　各メンバーの役割やタスクの優先順位を明確にし、曖昧さを排除します。これにより、誤解や対立のリスクを減少させます。

④情報伝達の効率化を図る

　チャットやオンラインミーティングツール、タスクマネジメントツールを活用し、必要な情報を迅速かつ正確に伝える体制を整えます。普段は効率性を重視してテキストでやり取りを行い、重要なテーマについてはニュアンスや温度感を伝えるために、対面やミーティングを実施するなど、コミュニケーション方法の切り替えを行うことがポイントです。

アンチパターン
26

感情的なやり取りで壊れる

危険度 ★★★★★　頻出度 ★★★★☆

コミュニケーション編

感情的なやり取りはプロジェクトに危機をもたらす

プロジェクトの成功には、建設的で冷静なコミュニケーションが欠かせません。**プロジェクトの進行中に感情的なやり取りが発生すると、チーム内の信頼関係が損なわれ、士気やパフォーマンスに深刻な影響を与える**ことがあります。特に、上意下達の組織文化や権威主義的な組織風土の中では、感情的なやり取りが発生しやすく、これが長引くとチーム全体が疲弊し、最悪の場合、キーパーソンの離脱等によってプロジェクトが破綻することさえあります。

上意下達の組織文化では、指示や命令が一方的に下りてくる傾向があります。このような環境では、現場の状況が十分に考慮されず、現実的ではない目標やスケジュールが設定されることが常態化します。その結果、メンバーは不満やストレスを抱えやすくなり、それが感情的なやり取りの引き金となる場合があります。たとえば、無理なスケジュールを指示されたメンバーが「この計画では進められない」と反発し、それに対して上司が感情的に対応するといった場面です。このような状況では、課題の対策が後回しにされ、チーム内の対立が深まります。

また、権威主義的な組織風土では、「役職が上の人の意見が絶対」とされることが多く、メンバーが自分の意見を自由に述べる機会が制限されがちです。このような環境では、**上司やリーダーからの叱責や低評価を避けるためにメンバーが発見した課題や感じている不安が表に出なくなるため、問題が蓄積してトラブルを招く**可能性があります。たとえば、タスクが遅延していることを報告せずに計画が破綻したり、認識していたバグを報告しなかったことで深刻なトラブルが発生したりするといったことは、そうした組織では頻繁に見かける事象です。

皮肉や冷笑にも要注意

「感情的なやり取り」と聞くと、激昂や叱責をイメージしがちですが、そうした激しい感情表現だけでなく、皮肉や冷笑にも注意が必要です。**皮肉や冷笑は個人のコミュニケーションの癖になっていることがあり、そうした場合は往々にして「個性」として扱われて問題視されない**ことがあります。しかし、皮肉や冷笑は個人やチーム全体に深刻な影響を与えることがあるため、早期の対処が必要です。

まず、皮肉や冷笑が持つ直接的な悪影響として、「個人への精神的ダメージ」が挙げられます。たとえば、タスクの遅れやミスに対して皮肉や冷笑を交えたコメントが行われると、指摘を受けたメンバーは強いストレスを感じるだけでなく、自分の能力や価値に疑問を抱くようになります。このような状況が続くと、メンバーは自信を失い、積極的に意見を述べたり行動を起こしたりすることを控えるようになります。結果として、プロジェクト全体の生産性や創造性が低下します。

また、皮肉や冷笑がチーム内で常態化すると、メンバーは「何を言ってもバカにされる」「ミスをすれば笑われる」と感じ、意見やリスクを共有することを避けるようになります。その結果、課題が見過ごされ、プロジェクトの進行に重大な支障をきたす可能性が高まります。

さらに、皮肉や冷笑は「チーム全体の分裂」を引き起こすこともあります。特に、**皮肉を発した人物が上司やリーダーである場合、その言動が「攻撃的な態度が許容される」というメッセージとして受け取られ、チーム内で同様の行動が広がる**可能性があります。このような環境では、協力や信頼が失われ、チーム全体の士気が低下します。皮肉や冷笑が蔓延した環境では保身のために誰もリスクを取らなくなるため、不確実性を扱うプロジェクトの成功率は非常に低くなるのです。

コミュニケーション編

正しいマネジメントの方法

　激昂や叱責、皮肉、冷笑などの感情的なやり取りを防ぎ、建設的なコミュニケーションを実現するためには、以下のマネジメント方法が有効です。もしプロジェクトを実施する組織に上意下達や権威主義的な文化があるとしても、プロジェクト内のコミュニケーションルールとして整備すると良いでしょう。

①冷静かつ事実に基づく対応を徹底する
　感情的な表現や皮肉を排除し、具体的なデータや事実を元に合理的な観点で課題を話し合います。批判ではなく、改善に焦点を当てる姿勢が重要です。たとえば、「ここがダメだ」とネガティブな点を指摘するのではなく、「この部分を改善すればもっと効率的になる」というように前向きな表現を心がけます。

②権威主義的な文化を改善する
　現場の声を吸い上げる仕組みを導入し、リーダーや上司が皮肉や冷笑に頼らないマネジメントを実践します。率直な意見交換によって意思決定の理由や検討過程の透明性を高めることで、信頼を築きます。

③ストレスマネジメントを支援する
　感情的なやり取りの背景にあるストレスを特定し、適切な対策を講じます。スケジュールの見直しやリソースの追加など、根本的な原因にアプローチします。

④チームビルディングを強化する
　信頼関係を築くために、ランチ会や飲み会、雑談の場などを設け、お互いの個性を知るための定期的なチームビルディング活動を実施します。これにより、皮肉や冷笑が起きにくい協力的な環境を作ります。

アンチパターン
27

リモートワークの孤独感で壊れる

危険度 ★★★★☆　頻出度 ★★★☆☆

コミュニケーション編

リモートワークのメリットとデメリット

コロナ禍で浸透し一般化したリモートワークによって、仕事の柔軟性や生産性を大幅に向上させることができるようになりました。今やほとんどの企業で業種にかかわらずリモートでミーティングが実施でき、チャットで業務の連絡ができるようになっていますが、これは少し前の時代には考えられないような変化です。また、技術が複雑化し人材が大幅に不足する昨今の状況では、多様な専門知識や労働力を集めなければプロジェクトを成功させられないことも多く、こうした場合はリモートワークが必要不可欠になることもあります。

しかし一方で、リモートワークはチームメンバーが孤独感を抱えやすい環境を生み出す可能性があります。特に**自律的な働き方がまだ自分の中で固まっていない若い人や、常に人と関わっていたい社交的なタイプの人**などは、孤独に対する耐性が強くないことがあり、そうした人は長期にわたるリモートワークによって**心理的・身体的な健康を損なうリスク**があります。孤独によって個人がパフォーマンスを発揮できなくなると、タスクの遂行やコミュニケーションが機能不全に陥り、チーム全体やプロジェクトにもネガティブな影響を生じることがあるのです。

リモートワークがもたらすリスク

リモートワークにおける孤独感の大きな要因の一つは、**「コミュニケーションの不足」**です。物理的な距離があることで、日常的な雑談や対面での打ち合わせといった、自然なコミュニケーションの機会が減少します。その結果、メンバー同士が業務以外の情報を共有することが難しくなり、相互理解が薄れる傾向があります。このような状況では、メンバーがプロジェクト全体の進捗や自分の役割について不安を抱きやす

くなります。

また、リモートワークでは**「視覚的なフィードバックの欠如」**も問題です。対面であれば、メンバーの表情や声のトーンからその人の状況や感情を読み取ることができますが、リモート環境ではこうした情報が大幅に損なわれます。このため、プロジェクトのリスクや課題に関する情報が正確に共有されないことがあります。特に、困難な状況や不安を抱えているメンバーが、その心情を言葉にして伝えるのをためらう場合、チーム全体がその問題に気づかないまま進行するリスクが高まります。

さらに、孤独感は**「心理的安全性の欠如」**にもつながります。リモート環境では、メンバーが自由に意見を述べたり、課題を共有したりすることが難しい場合があります。たとえば、オンライン会議で発言する際に「発言のタイミングを見極めるのが難しい」と感じたり、「他の人にどう思われるか心配だ」と気後れすることがあります。このような状況では、メンバーがアイデアや課題を共有する意欲を失い、プロジェクト全体の創造性や効率性が低下する可能性があります。

これらの悪影響が結びつくと、**「チームや組織への帰属意識」**の希薄化につながることがあります。**日常的に顔を合わせていない相手と業務上のコミュニケーションすら不十分だと、メンバーがチームや組織の一員としての一体感を感じにくくなる**のです。この状態でミスやトラブルが発生すると、メンバーがプロジェクトへの関与意識を失い、「自分の仕事がプロジェクト全体にどう貢献しているのかわからない」と感じるようになります。

コミュニケーションや視覚的なフィードバックの不足からメンバーの心理的な孤立が高まると、仕事がうまくいかなくなって自己肯定感が得られなくなります。さらに帰属意識も持てなくなると、離職や転職の強い動機となったり、メンタルのダメージから休職したりすることになるため、プロジェクトの進行に大きな影響を与えることがあるのです。

コミュニケーション編

正しいマネジメントの方法

　リモートワークは今後の働き方において外せない要素ですが、その活用にはデメリットを防ぐ取り組みも欠かせません。リモートワークによる孤独感を軽減し、チームを健全に保つためには、以下のマネジメント方法を実践することが重要です。

①定期的なコミュニケーションを促進する

　朝会などの定例ミーティングやチェックインを設定し、進捗状況や課題について話し合う場を設けます。また、業務以外の話題を共有するカジュアルな時間も週一回程度取り入れ、チーム内のつながりを深めます。さらに、定期的にランチ会を行ったり、プロジェクトの節目で飲み会を実施したりすることで、メンバー間の相互理解を促進することも有効です。

②オンラインでの視覚的な情報を増やす

　オンライン会議ではできるだけビデオをオンにすることを推奨し、メンバーの表情や反応を観察できる環境を整えます。これにより、非言語的なコミュニケーションが補われ、孤独感を軽減することができます。

③プロジェクト全体のビジョンを共有する

　プロジェクトの目的や進捗状況、各メンバーの役割を明確にし、自分の仕事がチーム全体にどのように貢献しているかを理解できるようにします。これにより、帰属意識とモチベーションを向上させます。

④サポートの仕組みを整える

　メンバーが困難を感じたときに相談できる窓口を用意し、孤立感を和らげます。たとえば、メンターやマネージャーと1対1のミーティングを定期的に実施し、個々の状況に寄り添う場を持つようにします。不定期で15分などの会話でも本音を話せる場があると、不安は大きく減らすことができます。

アンチパターン
28

サポート不足で壊れる

危険度 ★★★★☆　頻出度 ★★★★★

コミュニケーション編

意思決定者のサポート不足で失敗するプロジェクトは多い

　プロジェクトの成功には、チームメンバーが十分なサポートを受けながら業務に取り組むことが欠かせません。しかし、現実には、プロジェクトの進行中にメンバーが必要なサポートを得られずに孤立し、最終的には心身に深刻なダメージを抱えるケースが少なくありません。このような「サポート不足」は、メンバーのモチベーション低下やパフォーマンスの悪化を引き起こし、プロジェクト全体の進行にも大きな悪影響を及ぼします。プロジェクトへの**サポート不足が顕著に表れやすいのは、主にリソース面と環境面、育成面**です。

リソース不足で効率が阻害される

　最も顕在化しやすいのは「具体的なリソース不足」です。「19 非現実的な工数とスケジュールで壊れる」でご説明した通り、プロジェクトに必要な予算や工数、スケジュールが十分に確保されていない場合、**メンバーは限られたリソースの中で成果を出さなければならず、過剰な負担を強いられる**ことがあります。このような状況では、チーム全体が疲弊し、プロジェクトの進行が遅れて炎上するリスクが高まるだけでなく、成果物の品質も低下します。

　また、プロジェクト予算の不足は環境面にも表れやすくなります。たとえば作業に使用するパソコンのスペックが低すぎたり、モニターが支給されなかったり、作業やコミュニケーションの効率性を上げるためのソフトウェアやツールの使用が許可されなかったりするなどのサポートの欠如は多くの企業でしばしば見受けられます。**これらの要素は場合によっては数倍から数十倍程度の作業効率に影響する**ことがあるため、環

境面でのサポートの欠如はメンバーのストレスにつながるだけでなく、プロジェクトの成功率にも大きく影響します。

現在の競争環境ではメンバーの育成支援は必須

　中長期的に、組織のサポート不足がネガティブな影響として特に顕著に表れるのは、人材育成の側面です。昨今ではビジネス環境や技術の変化が非常に激しく、それらを取り入れていかなければ、効率的にプロジェクトを遂行して顧客に良いサービスを提供することが難しくなっています。特に IT の領域では新しい生成AI や開発ツール、インフラ系サービスなどが毎週のように発表されており、数ヶ月トレンドから取り残されるだけでも大きな「出遅れ」となるほど進歩が激しいものとなっているのです。

　しかし、**そうした変化にキャッチアップするためのサポートを組織が提供していない場合、プロジェクトに取り込んでいくことは難しい**でしょう。たとえば、生成AI を利用する新規事業をプロジェクトとして始めているのに、学習期間やトレーニング（研修など）のサポートを用意していない場合、プライベートの時間を使って技術を習得する人とそうでない人との間で技術の理解度に大きなギャップが生じ、サービスへの組み込みが十分なものにならない可能性があります。

　こうした状況下では、成果物が高い品質のものにならないだけでなく、技術を理解している人へタスクが集中することになり、プロジェクトの進捗にも大きな影響が出ます。また、十分な貢献ができないメンバーが「自分にはこの仕事をこなす能力がない」と感じ、自信を失うリスクが高まります。結果として、メンバーはプロジェクトへの積極的な

関与を避けるようになり、全体の効率が低下します。

　国際的に見ても、日本企業は人材育成に投資を行わないことが調査で明らかになっており、新しい挑戦を行う際は人材育成のサポートが必要不可欠であるという認識を持っておくことが必要です。

企業の人材投資（OJT以外）の国際比較（対GDP比）

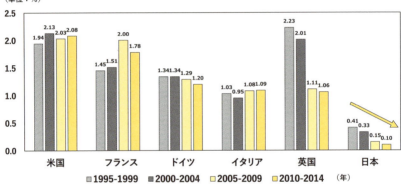

出典：「2022年度第3回雇用政策研究会（参考資料集）」（厚生労働省）より作図
https://www.mhlw.go.jp/content/11601000/000988613.pdf

正しいマネジメントの方法

　プロジェクトにおけるサポートの不足を防ぎ、チームを健全に保つためには、以下のマネジメント方法が有効です。

①リソースの適切な確保
　プロジェクトに必要な予算や人員を十分に確保します。特に、予算はバッファ（予備費）を含めて多めに見込んでおき、不測の事態や計画変更に備えます。

②必要なツールや備品（パソコン、ソフトウェア）の調達支援
　プロジェクトが効率的に行えるよう、必要なツールや備品の調達が迅速に行える体制を整えます。特に経理やセキュリティ担当と事前調整を行い、プロジェクト開始前に必要な申請手続きが円滑に行えるようにしておきます。

③技術的な支援を提供する
　プロジェクトで新しいツールや技術を使用する場合、十分なトレーニング体制（社内研修や学習プラットフォームなど）を提供します。また、技術的な質問や課題に対応するための専門家やサポート窓口を設置します。

④現場の声を積極的に吸い上げる
　メンバーの声に耳を傾け、課題に対して迅速に対応します。これにより、チーム全体の信頼関係が強化され、メンバーが安心してプロジェクトに取り組むことができます。

　これらの方法を実践することで、メンバーが十分なサポートを受けられる環境を作り出し、チーム全体が安心してプロジェクトに集中できる状態を保つことが可能です。適切なサポートは、プロジェクトの成功とチームの持続的な健康を支える重要な要素です。

コミュニケーション編

アンチパターン
29

公私の区別の困難さで壊れる

危険度 ★★★★☆ 　　頻出度 ★★★☆☆

現代の仕事は公私の区別をつけにくい

現代の働き方において、仕事とプライベートの区別が難しい状況が増えています。特にリモートワークやフレックスタイム制の普及により、仕事と生活の境界が曖昧になる傾向があります。リモートワークやフレックスタイム制は柔軟で自由な働き方を提供しますが、「公私の区別の困難さ」に結びつくと、メンバーに大きなストレスや負担をもたらし、最悪の場合、心身に深刻な影響を及ぼすことがあります。これはプロジェクトの遂行にとっても大きなリスクです。

まず、公私の区別が難しい状況では、**「業務時間の境界が曖昧になりやすい」**という問題が発生します。リモートワークの環境では、仕事を開始する時間や終了する時間が明確でないこともあり、メンバーは常に働き続けるプレッシャーを感じがちです。また自宅で仕事を行う場合は空間の移動が発生しないため、**移動による気分の切り替えが難しい**という問題が発生します。特に、常にプロジェクトやチームメンバーのことを考えているような精神労働に該当する場合は、「一日中仕事のことを考えている」という状態になってストレスがかかり続けることになります。

特に、プロジェクトの締切りが迫っている場合やタスクが多い場合には、プライベートの時間が削られ、一日の大半に負荷がかかるリスクがあります。このような状態が続くと、メンバーは肉体的にも精神的にも疲弊し、最終的には燃え尽き症候群に陥る可能性があります。

「常時接続」には要注意

さらに、「04 プライベートが破壊されて壊れる」や「28 サポート不足で壊れる」で説明した通り、メンバーがコミュニケーションや学習で

「常時接続」の状態を求められる場合、**プライベートの時間でも仕事に関する通知や連絡が途絶えなかったり、仕事に関する学習を行わなければならなかったりするため、より一層公私の切り替えが難しくなります**。これにより、メンバーは「いつ休んでいいのかわからない」「常に仕事のことを考えなければならない」と感じるようになります。この状況によって、メンバーのストレスが増幅するだけでなく、家族や友人との時間が犠牲となり、プライベートが破壊される原因にもなります。

罪悪感や自己犠牲は組織を破壊する

　公私の区別が難しい環境では、「役割の混乱」が発生することもあります。たとえば、仕事と家庭の両方で同時に責任を果たさなければならない状況に置かれると、どちらにも十分に集中できなくなることがあるのです。特に、家庭で育児や介護などの責任を抱えるマネージャーやメンバーは、「どちらも中途半端になってしまうのではないか」という罪悪感を感じやすくなります。この罪悪感によって、仕事に集中することが難しくなり、タスクの進行が停滞するリスクが高まります。

　さらに、この罪悪感や自己犠牲の考え方はチームや組織の文化にも影響を及ぼします。たとえば、マネージャーや一部のメンバーがプライベートの時間を犠牲にして働いている場合、それが暗黙の期待となり、他のメンバーも同じように働かなければならないというプレッシャーを感じるようになったり、自己犠牲を行わない人を批判する考え方が生じたりすることがあります。この**「過剰な自己犠牲の文化」が広がると、チーム全体が過労状態に陥り、最終的には全員が疲弊してプロジェクトや組織の生産性・効率性が大幅に低下してしまう**可能性があります。

正しいマネジメントの方法

　公私の区別が難しい状況を防ぎ、チームメンバーが健全な働き方を維持できるようにするためには、以下のマネジメント方法が有効です。

①明確な業務時間の設定

　業務時間を明確に定め、始業・終業時刻をチーム全体で共有します。また、業務時間外の連絡を控えるルールを設定し、メンバーが安心してプライベートの時間を確保できる環境を作ります。リモートワークやフレックス制、外部パートナー等の場合は、稼働時間を明確にして、「このプロジェクトで何時間使うか」を明確にしておくことがポイントです。

②成果ベースの評価を導入する

　作業時間だけでなく、成果やアウトプットを評価の基準とすることで、メンバーが効率的に仕事を進めるインセンティブを提供します。

③休暇や休憩の奨励

　メンバーが必要に応じて休暇を取得できるよう奨励します。特に、リモート環境では「中断しづらい」という心理的な壁があるため、マネージャーが明示的に昼食の時間を取ったり、営業時間外の連絡を控えるなど、模範的な行動を示します。

④プライベート時間の尊重を徹底する

　メンバーのプライベート時間を尊重し、「仕事以外の時間も重要である」という文化を醸成します。たとえば、家族や趣味に費やす時間の価値を認め、チーム内でその重要性を共有します。

⑤柔軟な働き方を提供する

　メンバーの個々の状況に応じた柔軟な働き方を提供します。たとえば、育児や介護が必要なメンバーに対しては、勤務時間や稼働時間の調整、タスクの再分配を行います。これによって、自己犠牲の考え方が蔓延することを防ぎます。

コミュニケーション編

アンチパターン
30

組織文化の ミスマッチで壊れる

危険度 ★★★★★　頻出度 ★★★☆☆

現代は組織文化のミスマッチが発生しやすい

　プロジェクトを成功させるためには、チームメンバーが組織の文化や価値観に適応し、共有された目標に向かって協力することが重要です。しかし、プロジェクトの中で、メンバーと組織文化の間に大きなミスマッチが存在すると、それがチームの調和や個々のパフォーマンスを阻害し、最終的にはメンバーが心理的・身体的に「壊れる」原因となります。この**「組織文化のミスマッチ」は、昨今の人手不足の状況下で発生しやすい事象**です。

　1990年のバブル崩壊以降、日本企業で一般的だった終身雇用や年功序列といった雇用慣行が崩れており、今や転職は一般的なものとなっています。厚生労働省の「令和4年版 労働経済の分析」によると、正規労働者の半分以上（男性：51.2%、女性：61.2%）が転職を経験しており、非正規労働者では8割以上（男性：81.8%、女性：88.7%）にも上ります。特に、短期的に高度な知識を持つ専門家を集めなければならないプロジェクトでは、社外からも多くの人材を調達しなければならないため、多様なバックグラウンドを持つ人が集まりやすいという傾向があります。

　しかし、一方で組織文化とのミスマッチを感じるケースも多く、ドリーム・アーツ株式会社の「DX人材の流動性に関する調査」では、**3年以内に中途採用されたDX人材の6割（60.6%）が「組織文化のミスマッチ」を主な理由として早期転職の意向を示している**という報告があります。DX（業務改革・組織改革）は組織の競争力に直結するテーマでありながら、大幅に人材が不足しているという状況もあるため、こうしたミスマッチは大きな機会損失につながっているといえるでしょう。

組織文化のミスマッチは気づきづらい

そもそも「組織文化のミスマッチ」とは、**個人が持つ価値観や働き方のスタイルが、組織全体で求められる行動やルールと一致しない状態**を指します。一般的に、組織に長く所属している人は、そこで培われた文化を「当たり前」のものだと思う傾向があるため、その文化のデメリットや異なる組織文化の存在を明確に認識できないことがあります。

そのため、転職などで新しく入った人材が組織に適応する際にどのような課題感を持つのかについても気づかないことがしばしばあるのです。したがって、組織文化のミスマッチがどのように起こり、悪化するとどうなるかを理解することは、多様な人材が活躍するプロジェクトや組織にするための重要なポイントとなります。

組織文化のミスマッチが招く問題

組織文化のミスマッチが引き起こす最初の問題は、**「心理的ストレスの増大」**です。たとえば、転職先のリーダーや上司からの期待が個人の価値観や働き方と大きく異なる場合、メンバーは「自分が間違っているのではないか」「チームに貢献できていないのではないか」という不安を感じることがあります。この状態が続くと、メンバーの自己効力感が低下していきます。

また、ミスマッチは**「コミュニケーションの障害」**を引き起こすことがあります。たとえば、オープンな議論を好むメンバーが、意見を発することが推奨されない文化に直面すると、意見を共有することをためらい、結果として情報の断絶が生じます。また、個人の成果を重視する文

化では、メンバー間の協力が軽視され、チームの一体感が形成されないこともあります。

　さらに、組織文化のミスマッチは**「パフォーマンスの低下」**を招きます。自分の価値観やスキルが上司や経営陣に評価されていないと感じるメンバーは、プロジェクトに対するモチベーションを失いがちです。こうしたミスマッチが続く環境では、周囲からの評価も得られないため、メンバーが「どうせ自分の努力は報われない」と感じ、消極的な態度を取るようになる可能性があります。これらのプロセスを経て、「この組織で働き続ける意味がない」という意識になり、離職へとつながるのです。

正しいマネジメントの方法

　組織文化のミスマッチによる問題を防ぎ、チームを健全に保つためには、以下のマネジメント方法が有効です。

①文化的要素を考慮したメンバー選定
　まずヒアリングでプロジェクトに参加するメンバーの価値観や働き方を確認し、組織やプロジェクトの文化に適応可能かをチェックします。異なる価値観を持つメンバーにはどのような考え方でプロジェクトを実施しているかを説明し、意欲や見解を確認します。自分たちの価値観や進め方に対する提案などがあれば、取り込めるか検討しましょう。

②期待の明確化
　プロジェクト開始時に、どのような役割を期待しているかを明確に伝えます。これにより、メンバーが適応しやすくなります。

③オープンなコミュニケーションを促進
　メンバーが自由に意見を述べられる環境を整えます。たとえば、定期的なランチ会や飲み会、雑談の場などを通じて、相互理解を深めると良いでしょう。

④リーダーシップの柔軟性を持つ
　リーダーは一方的なスタイルではなく、メンバーの多様な価値観に対応する柔軟なリーダーシップを心掛けます。個々のメンバーの働き方を尊重しながら指示を出すことが重要です。

⑤ストレス管理の仕組みを整備
　組織文化のミスマッチによるストレスを軽減するため、1対1のミーティングを設定して状況の確認をします。相談窓口やカウンセリングサービスの提供も有効です。特に心理的な負担を抱えやすいメンバーをサポートしましょう。

アンチパターン 31

無駄な会議で壊れる

危険度 ★★★☆☆　頻出度 ★★★★★

コミュニケーション編

惰性の会議には要注意

プロジェクトにおいて、会議はディスカッションや意思決定、情報共有の手段として重要な要素です。しかし、その会議が適切に運用されない場合、メンバーの時間と集中力を奪い、チーム全体に悪影響を及ぼすことがあります。特に、惰性で設定されている**目的が曖昧で進行が非効率な「無駄な会議」**が頻発されると、メンバーのモチベーションが低下し、業務の効率が低下するだけでなく、最終的にはプロジェクト全体の進行に支障をきたす恐れがあります。そもそも、無駄な会議は上長が報告を直接聞いて安心したり叱咤したりするためだけに開かれていることも多く、**参加者の時間を消費してプロジェクトのリソースを削っているという意識が低い**ことが考えられます。

無駄な会議のデメリット

無駄な会議の典型的な特徴は、目的やゴールが明確でないことです。たとえば、「進捗状況の確認」という名目でチーム全体の会議が設定されていても、**何を確認し、何を決定するのかがはっきりしていない場合、参加者はその場にいる意義を見失いがち**です。また、議題が曖昧なまま会議が進むと、議論が散漫になり、最終的に「何が決まったのかわからない」という結果に終わることが少なくありません。特にリモートワークの場合、少数の発言者以外は誰も話を聞かず非効率な状態で自分の作業を行っているという状況になりやすくなります。

さらに、**会議の参加者が適切に選定されていないことも問題を深刻化**させます。会議に参加する必要のないメンバーが招かれる一方で、重要な決定に関わるべきメンバーが欠席していると、議論が実質的な意義や成果を伴わないものになります。不要な参加者にとっては時間の無駄で

162

あり、必要な参加者には後で再確認や追加の調整が発生するため、さらに時間が浪費されます。こうした状況が繰り返されると、会議そのものへの信頼感が低下し、メンバーが「どうせ無意味な時間を過ごすだけだ」と感じるようになります。

無駄な会議はメンバーのモチベーションを低下させるだけでなく、業務効率にも悪影響を及ぼします。頻繁に会議が設定されると、**メンバーが集中して作業に取り組む時間が削られるだけでなく、会議から実務に戻るための切り替え時間も必要になります**。このような環境では、メンバーが「会議のための仕事」に追われるようになり、本来の業務の優先順位が低下することが避けられません。**会議の多い組織では、しばしば集中できる時間が残業の時間だけ、ということになりがち**です。

また、無駄な会議設定が常態化すると、「会議への参加が仕事だ」という勘違いが蔓延するようになり、時間の消費に対してプロジェクトの進捗が出ないために、その対策会議が開かれ、さらに作業時間が圧迫されるという悪循環に陥るようになります。炎上・失敗するプロジェクトではこうしたパターンが多く見られます。

正しいマネジメントの方法

　無駄な会議を防ぎ、効率的で成果のある会議を実現するためには、以下のマネジメント方法を実践することがポイントです。

①会議体を見直す

　無駄な会議による組織やチームの生産性・効率性へのデメリットについての認識を共有し、会議の頻度を見直します。定例会議が形式的なものになっている場合、その必要性を再評価し、本当に必要な場面だけに絞ります。また、会議の代替手段として、メールやチャットツール、ドキュメント共有を活用することも検討します。

②会議の目的を設定する

　会議の目的とアジェンダ（議題）を明確に設定し、参加者全員に事前に共有します。要件定義など複雑なテーマについては担当者が事前に資料を作成し、「何を話し合い、どのような決定をするのか」を具体的に示すことで、会議が時間を浪費する場ではなく、生産的な議論の場となります。また、議事録やミーティングの録音・録画をとっておき、決定事項や新しいタスクの追加、プロジェクトの変更点などについて後から参照できるようにしておきます。

③適切な参加者を選定する

　必要なメンバーのみを招集し、それ以外のメンバーには会議の要約を議事録などで共有することで、無駄な参加を減らします。また、進行役を明確にし、アジェンダに沿った効率的な進行を心掛けます。

④フォローアップを行う

　会議後のフォローアップを徹底します。決定事項や次のステップを明確に記録し、関係者全員に共有することで、会議の成果をプロジェクトに反映させます。これにより、会議が実際のプロジェクト進行に貢献しているという認識を広げることができます。

アンチパターン
32

人間関係の
トラブルで壊れる

危険度 ★★★★☆　頻出度 ★★★☆☆

コミュニケーション編

人間関係はプロジェクト成功の鍵

　プロジェクトを成功させるためには、メンバー間の良好な人間関係が欠かせません。しかし、複雑なプロジェクト環境では、時に人間関係のトラブルが発生し、これがメンバーのストレスや不満を増大させる原因となります。こうしたトラブルが放置されると、チーム全体の調和が崩れ、プロジェクトの進行や成果に深刻な影響を及ぼす可能性があります。**「人間関係のトラブルで壊れる」という現象は個人間の問題として過小評価されがちですが、兆候や事象が見られたら可能な限り早期に適切な対処をすることが求められる重要な課題**です。

プロジェクトで人間関係が壊れるとき

　人間関係のトラブルが発生する主な原因の一つは、**「不公平感の蔓延」**です。たとえば、タスクの進捗や役割分担に関する情報が十分に共有されていない場合、メンバー間で誤解が生じることがあります。「自分だけが多くの負担を背負っている」と感じたり、「他のメンバーが責任を果たしていない」と思い込んだりすることで、不満が蓄積しやすくなります。このような状況が続くと、メンバーの間に相互不信が生まれ、協力が困難になることがあります。

　また、**「個人の価値観や働き方の違い」**もトラブルの原因となります。たとえば、スピードを優先するメンバーと、丁寧な作業を優先するメンバーがプロジェクトに参加している場合、仕事の進め方や優先順位に関する意見の食い違いが生じることがあります。このような価値観の違いが適切に調整されない場合、メンバー間で「あるべき仕事の進め方」の考え方の対立が深まり、チーム全体の一体感が失われます。

　こうした価値観の違いに加えて、**「26 感情的なやり取りで壊れる」**で

ご説明したような**感情的なやり取りがコミュニケーションに含まれると、対立は一気に深刻化**します。プロジェクトは経験値の異なるメンバーでチームが組まれることも多く、経験の多いメンバーが良かれと思って「正しいと思う進め方」を感情的に押し付けるようになると、相手からも感情的な反応が起きてチームワークが破綻してしまうのです。

本当の退職理由No.1は「イヤなやつ」がいること

昨今では英語圏で使われている**「ブリリアント・ジャーク（Brilliant Jerk：優秀だけどイヤなやつ）」**という表現が一般にも知られるようになっており、自身の知識や優秀さを盾に独善的に振る舞う人物がもたらすチームへの悪影響は日本でも認識され始めています。サウス・ウェールズ大学のウィル・フェルプスが行った「腐ったリンゴ」と呼ばれる有名な実験では、「性格が悪い人」「怠け者」「周りを暗くする人」の3つのタイプの「イヤなやつ」はいずれもチームのパフォーマンスを30〜40%も下げると報告されています。「ブリリアント・ジャーク」は当人が優秀なだけに注意されにくい傾向がありますが、チームやプロジェクトへの悪影響は当人の優秀さではカバーできないレベルで生じるのです。

集団で生活する生き物である人間は、不快な人と過ごすことに強いストレスを感じます。エン・ジャパン株式会社の「本当の退職理由に関する調査レポート 2024年版」では、会社に伝えた退職理由の第1位は「別の職種にチャレンジしたい」(22%) である一方で、会社に伝えなかった**本当の退職理由の第1位として「人間関係が悪い」(46%) が挙げられているほど**です。つまり、多くの職場で人間関係が悪化しているにもかかわらず、適切に対処されないために理由を告げずに辞めてしまう人がたくさんいるのです。プロジェクトのようにチームワークが重要な取り組みでは、この人間関係は離脱の決定的な理由となる可能性があります。

コミュニケーション編

167

正しいマネジメントの方法

　良好な人間関係はしばしば「仲の良さ」と誤認されがちですが、必ずしも仲が良いことがプロジェクトの成功をもたらすわけではありません。「25 コミュニケーションの不足で壊れる」でご説明した通り、プロジェクトを円滑に進めて成功させるために必要なのは、仲の良さではなく「信頼関係」です。

　また、個人の価値観や性格は長い人生経験に根付いており、これをマネジメントの都合で変えようとするのは傲慢な考えという見方もあるでしょう。人には相性があるということを前提に、人間関係のトラブルを未然に防ぎ、チーム全体の調和を保つという考え方が必要です。そのためには、以下のマネジメント方法を実践することが有効です。

①オープンなコミュニケーションの場を設ける

　メンバーが自由に意見を述べ、課題を共有できる「オープンなコミュニケーション」の場を設けることが重要です。たとえば、定期的な1対1のフィードバック面談を活用することで、問題の早期発見と解決が可能になります。また、リーダーはトラブルが起きた際に「公平かつ迅速な対応」を取る姿勢を示すことで、チーム内の信頼感を損なわないように努めるようにします。

②価値観の違いを尊重する

　「価値観の違いを尊重する文化」を醸成することも大切です。役割分担や目標設定の段階で、各メンバーの強みや特性を活かしたタスク設計を行うことで、メンバー間の摩擦を軽減できます。また、プロジェクト内の進め方やコミュニケーションルールを決めて、多様な価値観を認めつつも「このプロジェクトではこう考える」というスタンスを明示することも有効です。

アンチパターン
33

チーム間の不和で壊れる

危険度 ★★★★★　　頻出度 ★★★★☆

コミュニケーション編

複数チームでのプロジェクトは今や一般的

　プロジェクトの成功には、個々のチーム内の調和だけでなく、複数の
チーム間での協力が不可欠です。特に大規模プロジェクトや新規事業、
DX（業務改善・組織改革）のプロジェクトでは、**複数の部署やチーム、
企業が関わることが一般的となっており、適切なマネジメントが行われ
ていないと不和が生じる**ことがあります。この「チーム間の不和」が起
こると、プロジェクト全体の進行が滞り、成果物の品質や納期に影響を
及ぼすだけでなく、各チームのメンバーが心理的なストレスを抱える結
果となります。

　実際に私も、複数の企業やチームが参画するプロジェクトで失敗が発
生する事例を数多く見聞きしてきました。また、たとえばキーマンズ
ネット社による「プロジェクト管理ツールの利用状況（2022年）」とい
う調査でも、プロジェクト失敗経験者による**失敗原因の1位に「関係者
とのコミュニケーション不足」（56.3%）が挙げられている**ほど、世の
中でも多く見られる問題です。

なぜチーム間の不和が起こるのか

　実はチーム間の不和が発生するプロジェクトは、**プロジェクト計画書
を見ればかなり早期に見極めることができます**。チーム同士が不和にな
る最も大きな原因の一つは「プロジェクトの目標や役割分担が明確に共
有されていないこと」であり、これはプロジェクト計画書を見ればすぐ
にわかるからです。

　**プロジェクトの目標や各チームの役割分担が明確に共有されていない
と、まずそれぞれのチーム内でその業務の優先順位が決められなくなり
ます**。複数チームのプロジェクトでは、参画するチームは他の業務やプ

170

ロジェクトを抱えていることが通常であるため、効率的に割り振られた
タスクを進めるためには事前に各チーム内で「誰がいつどの業務・プロ
ジェクトのタスクを実施するのか」について優先順位を決めておく必要
があります。これが決められない場合、通常業務や他のプロジェクトの
タスクに加えて、突発的に追加タスクが発生することになり、人員やス
ケジュールの調整ができないためにチーム内の業務負荷が急増し偏るこ
とになります。この事態は大きな混乱をもたらすため、各チームのリー
ダーは複数チームでのプロジェクトに対して消極的に関わるようにな
り、全体の進捗が遅れてしまうのです。

　また、**スケジュール上で適切な役割分担ができていない場合、「リソー
スや責任の不均衡」も生じます**。たとえば、一方のチームに多くのタス
クや負担が集中する一方で、他方のチームが比較的余裕のある状況に置
かれている場合、負担を抱えるチームが不満を感じることがあります。
特に、外部ベンダーがチームとして参画するプロジェクトの場合、受発
注契約が請負契約で予算や納期の調整が難しいものになっていると、ベ
ンダーは「関われば関わるだけ損をする」という状態になり、不満だけ
でなく経済的な利害の対立にも波及するのです。

　さらに、このようなリソースの不均衡やスケジュールの不整合が放置
されると、他チームとの信頼関係が崩れる可能性もあります。それぞれ
のチーム内で「他のチームの尻拭いをさせられている」「こちらの努力
が軽視されている」といった他責の認識が広がると、不満が感情的な対
立に発展し、プロジェクト全体の遂行が難しくなります。この状況に至
ると、**プロジェクトの停止ややり直しが必要となるレベルで停滞が生じ
ます**。

コミュニケーション編

171

正しいマネジメントの方法

　複数チームのプロジェクトを実施する際にチーム間のトラブルを防いで健全なプロジェクト環境を維持するためには、以下の方法が有効です。

①適切な統括リーダーを置く
　複数チームのプロジェクトを適切にマネジメントするには、適切な経験とスキルを持つ統括リーダー（プロジェクトマネージャー）を配置することが欠かせません。この役割を果たすには、長年の多様な組織でのプロジェクト経験が必要となるため、事業会社では社内に適任者がいないこともしばしばあります。こうした場合は外部の企業やパートナーを活用することを選択肢に入れて適切な人材を探すことが有効です。また、外部ベンダーの人材がこのポジションに配置される場合も、本当に適任なのかをよく見極める必要があります。

②適切なプロジェクト計画を立案する
　統括リーダーのもとで適切なプロジェクト計画を立案します。まず最初にプロジェクトの目標を明確にして、「なぜこのプロジェクトを成功させなければならないか」を共有します。そして、「公平なリソース配分と責任」となるよう適切なスケジュールを立てて、状況に応じて常にアップデートするようにします。また、外部ベンダーが参画する場合は、経済的に損をしないように契約面の配慮も行います。

③効果的な情報共有の仕組みを作る
　複数チームのプロジェクトでは、チーム内のマネジメントと同じくらいチーム間の情報共有も重要です。定例ミーティングや進捗報告を通じて、リーダー間でのコミュニケーションを活発化させます。また、各種ツールを活用し、リアルタイムで情報を共有できる環境を整えることで、情報の遅延や伝達ミスを防ぎます。

アンチパターン 34

チームメンバーの離脱で壊れる

危険度 ★★★★★　頻出度 ★★★★★

コミュニケーション編

チームメンバーの離脱は致命的な影響をもたらす

　プロジェクトの成功には、チームメンバーが安定してプロジェクトに関与し続けることが欠かせません。プロジェクトの進行中にチームメンバーが離脱する事態が発生すると、計画や進行に大きな影響を及ぼします。しばしば「人が辞めても、その穴はいつかは埋まる」という風に言われることがありますが、これは定常業務などで穴を埋める工夫が繰り返し行われてきた業務に対し当てはまることであり、始まったら止めることが難しく、属人性が高い取り組みであるプロジェクトには当てはまらないことが一般的です。

　特に、**重要な役割を担っているキーパーソンが突然プロジェクトから離脱する場合、その穴を埋めるのは容易ではなく、最悪の場合、プロジェクト全体が失敗に陥る**リスクさえあります。人手不足の昨今では、職種によっては確保にかなり時間や労力、費用がかかります。たとえば、レバテック株式会社の「ITエンジニア・クリエイター正社員転職／フリーランス市場動向 2023年12月」によると、プロジェクトマネージャーは中途採用の求人倍率が29.5倍（1人の転職者に対して約30社が募集している状況）に上ると言われるほど、極めて採用が難しい状況にあります。

　「チームメンバーの離脱による崩壊」は、多くのプロジェクトが直面する課題の一つであり、事業全体に波及することもあるため、計画段階から適切に対策を講じることが求められます。

人が抜けると起こるマイナスの連鎖

　チームメンバーの離脱がプロジェクトに与えるマイナスの影響は深刻

で、そこから連鎖して複数の問題を引き起こします。まず、最も直接的な影響として「業務の停滞」が挙げられます。離脱したメンバーが担っていたタスクが中断するため、その引き継ぎや再分配が必要になります。離脱した人のポジションがプロジェクトマネージャーやチームリーダーであれば、その影響はチーム全体に及びます。メンバーポジションでも、専門的な知識やスキルが必要な業務の場合、そのメンバーが抜けた後に適切な後任を見つけるのは非常に困難です。その結果、スケジュールが大幅に遅延し、他のメンバーにも負担がかかります。

また、「チーム全体の士気の低下」も深刻な問題です。信頼関係やタスクの連携が重視されるプロジェクトでは、特定のメンバーが離脱すると、残されたメンバーは大きな不安を抱えます。離脱が他のメンバーにとっての追加業務負担を生む場合、その不満がさらに士気の低下を招き、悪循環に陥ることがあるのです。このような状況では、プロジェクトに対する全体的なモチベーションが下がり、チームのパフォーマンスが著しく低下します。

さらに、「心理的な影響」も無視できません。離脱したメンバーがチームメンバーから高い信頼を受けていた場合、その存在がいないことでチーム内に「このプロジェクトは成功しないのではないか」という悲観的な雰囲気が広がることがあります。離脱の原因が組織やプロジェクトの意思決定に関する問題である場合、残されたメンバーも同様の問題を抱えている可能性が高く、それを食い止める「精神的支柱」となる人がいなくなると離脱が連鎖的に続くリスクがあります。

コミュニケーション編

問題を正直に教えてくれるケースは少ない

　メンバーの離脱が深刻な影響をもたらす反面でその対処が難しいのは、離脱するメンバーが問題を正直に教えてくれるケースが必ずしも多くないからです。業務負担などで離脱する人もいますが、「32 人間関係のトラブルで壊れる」で触れた通り、信頼関係が失われたことで離脱する人は**「本音」を話してくれるとは限らない**のです。特に本音を伏せて前向きな理由として離脱の意図が伝えられる場合は、組織側も「個人の人生上の新しいチャレンジ」として受け止めるため、本質的な問題が解決されずに事態が深刻化してしまいます。

　プロジェクトの予算の大部分を人件費が占めることからもわかる通り、その投資効果を適切に発揮して成功させることができるかどうかは、**チームや関係者の個々人の安定性に懸かっています**。メンバーやキーパーソンから離脱の兆候が出る前に、常日頃から士気が維持できているか気にかけておくことが求められます。

正しいマネジメントの方法

チームメンバーの離脱を未然に防ぎ、離脱によるマイナスの連鎖を防ぐには、下記のマネジメント方法が有効です。

①チームメンバーと組織の間の信頼関係を保つ

プロジェクトを推進する精神的支柱のようなキーパーソンが離脱してしまうとき、多くは組織に対する失望が原因となっています。本編でご説明している失敗パターンをチェックリストとして利用し、組織とプロジェクト、チームメンバーの間の信頼関係が毀損されていないか確認すると良いでしょう。また、その場合はプロジェクトの当事者ではなく、少し距離を置いたポジションの人が実施するのがポイントです。たとえば、PMO（Project Management Office：組織全体のプロジェクトをマネジメントするポジション）や人事、プロジェクトに直接関わらない執行役員などが適任です。

②客観的な視点を持つ

自分たちの組織に対して客観的な視点を持つことは心理的にも難しいことです。組織の内部にいる人たちにとっては、日々感じている組織の課題に向き合うよりも、見て見ぬふりをしてやり過ごすほうが個人の判断としては合理的だからです。しかし、それによってプロジェクトなどの取り組みが失敗すると、人的・事業的な損失につながり、結果として立場を問わず自身のキャリアや自分の周囲にも影響するため、客観的に自分たちの組織を理解することは非常に重要な取り組みとなります。

たとえば、退職者から「本音」を聞き出す役割の人を置いたり、ネットで公開されている組織の口コミサイトなどを見て、組織の課題を正確に把握するように努めると良いでしょう。

コミュニケーション編

アンチパターン
35

多文化間の誤解で壊れる

危険度 ★★★★☆   頻出度 ★★★☆☆

今後「多文化なプロジェクト」は増えていく

　ビジネスのグローバル化や少子高齢化による労働力の不足によって、異なる文化的背景を持つメンバーがプロジェクトに参加することは一般的になりつつあります。たとえば、国内の商品やサービスを海外市場に展開する際に現地拠点と連携したり、各国の現地拠点と共同で DX プロジェクトを実施したり、システム開発で費用の軽減や工数の確保のためにオフショア企業を利用したり、自社に日本以外の社会で育った社員が入社したりするなどのケースは今や頻繁に発生するようになっています。少子高齢化による日本国内の経済の縮小や労働力の大幅な減少を背景に、これらのケースは今後より一層増えていくでしょう。

　このような「多文化チーム」は、プロジェクトで必要な工数を補ったり予算を効率化したり、海外市場に参入するきっかけを作ったりできるという具体的なメリットと併せて、**視点やアイデアの多様性をもたらし、革新的な成果を生む**可能性を秘めています。しかし、文化的価値観やコミュニケーションスタイルの違いが適切に管理されない場合、**誤解や対立が生じ、プロジェクト全体の進行を妨げる大きな障害となる**ことがあります。この「多文化間の誤解で壊れる」という問題は、現代のプロジェクトの多くが直面する共通の課題の一つです。

価値観の違いをどう乗り越えるかが鍵

　海外旅行で他の国のサービスを受けるとよくわかる通り、日本社会で共有されている「当たり前」の水準は、世界的に見て極めて高いのが現実です。海外でも高い品質のサービスを受けることは可能ですが、高いコストや社会的地位などが求められることが通常です。

また、労働に対する考え方も日本は特殊であり、パーソル総合研究所の「グローバル就業実態・成長意識調査 −はたらくWell-beingの国際比較」によると、日本は諸外国と比べると「権威主義・責任回避」の組織文化が強く、主に**「賃金のため」に働き、自分とは考え方や価値観が違う他者に対する「寛容性」が低い**という傾向が強くあります。またそれらの傾向から、働くことに対する幸福感が調査対象18カ国・地域で最下位という結果になっています。つまり、**日本人は給料のために組織のルールに服従して働いている**といえるでしょう（次ページ図参照）。

　このように、日本人の働き方は非常に特殊であるため、それを異なる文化背景の人に当てはめると、大きく失敗する可能性があります。たとえば、日本では今でも多くの人が決められた納期のために残業や休日出勤を行いますが、それを異なる文化的背景の人に「当たり前のこと」だとして報酬や昇進などを提示せずに押し付けると、メンバーが退職してしまったり、相手のメンタルを破壊してしまったりするのです。

　価値観の違いは言語やコミュニケーションスタイルの違い**（直接的な表現を好むか、間接的な表現を好むか）**や、仕事上の批判をどのように行うか**（他の人がいる前で批判を行うことが深刻な事態をもたらす文化もある）**にも影響し、結果としてプロジェクト全体の崩壊にも直結してしまうこともあります。

労働価値観と「はたらく幸せ実感」の関係

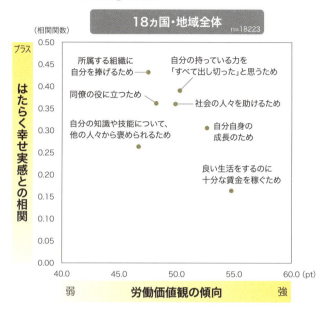

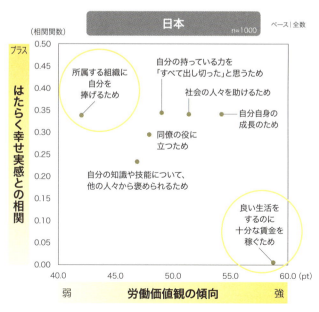

寛容性と組織文化「相互尊重」の関係

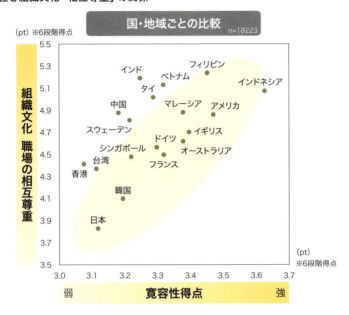

出典：「グローバル就業実態・成長意識調査－はたらくWell-beingの国際比較」パーソル総合研究所
https://rc.persol-group.co.jp/thinktank/data/global-well-being.html

正しいマネジメントの方法

　多文化チームによるプロジェクトを成功に導くには、何よりも根本にある「価値観の違い」を認識することです。自分たちの考え方や価値観を唯一で絶対的なものだと信じ込まず、互いに違いがあることを認めて、そこをどのように乗り越えるかを考えるのです。その際に有効なアプローチは以下の通りです。

①プロジェクトの「共通ルール」を決める

　プロジェクトの進め方や納期に関する考え方、コミュニケーションのルールなどを「プロジェクトの共通ルール」として明示的に決めるようにします。たとえば、「納期が遅れそうな場合は事前に報告して対応策を検討する」や「メンバーやチームを公然と批判せず、プロジェクト全体の課題として取り扱う」などの形でルールを決めるようにします。

②コミュニケーションの「橋渡し役」を確保する

　システム開発のプロジェクトでは、しばしばコストを低くするためにオフショア開発が利用されますが、その際に拠点やチームをつなぐ「ブリッジ（橋渡し役）」として、双方の文化的背景の違いを理解して適切に翻訳できる人を配置する必要があります。適切な人材が配置できていないと、最悪の場合は誤解が増幅して関係性が破綻する可能性があります。

③適切な契約を交わす

　海外の企業と協力してプロジェクトを実施する場合は、日本では「常識」だと思われることでも、プロジェクトで双方にどのような責任が発生し、それが履行されない場合にどのような対応を取るのかについて、事前に契約によって明確にしておく必要があります。これが行われていない場合、大きな問題が発生しても「それは契約に履行責任として明記されていない」と拒絶されてトラブルになる場合があります。

＜コミュニケーション編＞

プロジェクトマネジメントの基礎知識

コミュニケーションは業務やプロジェクトのタスクのやり取りをつなぎ、チームや部署、組織を活性化させるための「血液」のようなものです。人間の体が正常に機能するためには血液が全身を巡り、酸素や栄養を細胞に届けることが不可欠です。同じように、プロジェクトや業務では、コミュニケーションが情報や指示、フィードバックを適切に届ける役割を果たします。

技術が進歩し、多くのツールやシステムが日々の業務に導入されたり、一部が自動化されたりするようになって無機質な印象を持つことが増えたとしても、ビジネスが人のために行われる営みである以上、適切なコミュニケーションが行われることは欠かせない要素です。

コミュニケーションの質を確保する

人は常に自分自身に何を期待されているのかや、自分が実施した物事に対する評価を気にしながら生きています。つまり、物事を相手に伝える際には、これらを適切に提供することが求められます。必要な物事を簡潔にまとめ、感情的な表現を抑えて伝えることがポイントです。お互いをよく知らないチームメンバーとプロジェクトを実施する場合や、ストレスが強い環境でコミュニケーションを行う可能性がある場合は、あらかじめルールを設定して、不規則な言動やネガティブな批判などが行われないよう配慮をすることも重要です。

コミュニケーションの量を確保する

リモートワークや、人員・スケジュールに余裕がないプロジェクトの

場合、コミュニケーションの量が不足することがあります。その場合、メンバーが孤立したり、疑心暗鬼になったりして、不安からモチベーションを大きく低下させることがあります。これを避けるためには、雑談や定期的なチームビルディングを実施してコミュニケーションの量を確保することが有効です。お互いが一人の人間であり、自身の役割を果たすために集まっていることを認識できると、組織やプロジェクトへの帰属意識を持つことができて疑心暗鬼になることを防ぎます。

　また、逆にコミュニケーションの量が多すぎてプライベートを侵食している場合は、「何のために仕事をしているのかわからない」という思考になって大きくモチベーションを下げるため、業務時間外は緊急事態以外の連絡を行わないなどのルールを設定したり、課題の確認やディスカッションを行うための打ち合わせを設定したりすることで調節することが求められます。

価値観の多様性に留意する

　異なる文化を持つ社会で育った人、中途入社やフリーランス、外部ベンダーとして業務やプロジェクトに関わる人がいる場合は、特に価値観の多様性に留意することが必要です。自分たちのやり方や価値観を押し付けると対立構造が生じてコミュニケーションの齟齬や致命的な認識のズレにつながることがあるため、対話によってお互いがどのような価値観を持っているのかを把握するように努めたり、必要であれば契約書やプロジェクト計画などの資料を元にお互いの役割分担や進め方について合意形成を行ったりすることが有効です。

キャリア編

人生の時間の大きな割合を占める仕事は、個人の人生設計にとって極めて重要です。特に大企業でも将来性が危ぶまれることがあり、転職や独立・起業が当たり前になっている現在では、組織が社員にどのようなキャリア設計を提供できるのかが極めて重視されるようになっています。本編では、働く人のキャリアに関するアンチパターンと正しく実践するための基礎知識をご説明します。

アンチパターン
36

キャリアパスの不透明さで壊れる

危険度 ★★★☆☆　　頻出度 ★★★★☆

若い世代がキャリアパスの不透明さで離職している

かつて日本の職場では、「総合職」という職種と「終身雇用制」という雇用形態が従業員のキャリア形成の中心にありました。企業は総合職の従業員に対して人事異動と昇進を繰り返すことで、幅広い業務経験と社内ネットワークを持つジェネラリストを育ててきました。しかし、ビジネスのグローバル化や終身雇用制の崩壊、さらに業務やプロジェクトの専門性の高度化や働き方の価値観の多様化によって、**従来のキャリアパスのあり方が通用しなくなってきています**。

特に若い世代の労働者にとって、現在の社会におけるキャリアパスの不透明さは深刻な問題となっています。株式会社ビズリーチの「企業における退職者状況に関する調査」によると、企業の規模にかかわらず、今後の組織を担う「入社5～10年の新卒入社者」の中堅社員が多く退職しており、その理由として**「従業員個人のキャリアの将来性」**（59.3%）

退職の理由

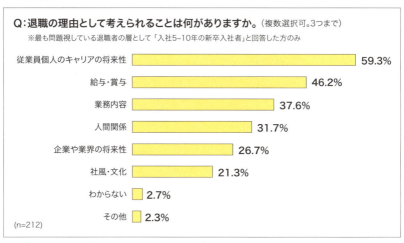

出典：「企業における退職者状況に関する調査」株式会社ビズリーチ
https://www.bizreach.co.jp/pressroom/pressrelease/2024/1022.html

がトップになっています。

　また、若い世代では管理職になりたいと考える割合が非常に低く、パーソル総合研究所の「グローバル就業実態・成長意識調査（2022年）」によると、日本の一般社員・従業員は「管理職になりたい」と回答した人は19.8%と、全体の平均（58.6%）と比較して非常に低く、調査対象の18カ国・地域で最下位となっています。つまり、**多くの企業の若手や中堅社員は業務経験を積む中で自分の会社のキャリアパスについて不透明さや行き詰まりを感じ、見切りをつけて離職してしまっている**のです。

キャリアパスの不透明さがもたらす不安

　キャリアパスの不透明さが生じる最大の理由の一つは、**「明確な選択肢の欠如」**です。多くの組織では、今でも管理職への昇進をキャリアの唯一の道筋として設定しているため、専門職やプロジェクトベースでの成長を目指す社員が、組織内で自分のキャリアをどのように築けばよいのかわからなくなります。このような状況では、社員は「努力しても評価されない」「自分のスキルが正当に扱われていない」と感じ、やりがいや意欲を失ってしまいます。

　さらに、**「評価基準の不透明さ」**も問題を悪化させます。たとえば、どのような成果やスキルが昇進や異動の条件となるのかが不明確な場合、従業員は「何を目指して働くべきか」がわからず、次第にリスクの高いプロジェクトや新しい業務への関与に消極的になります。また、年功序列が依然として根強い職場では、若い世代がプロジェクトで大きな成果を出しても「努力が評価されにくい」と感じることが多く、結果と

して早期離職につながるケースも少なくありません。

　このようなキャリアパスの不透明さは、特に終身雇用制が崩壊しつつある現代において深刻な課題です。組織に所属していても、かつてのように生涯を委ねることができず、自分の市場価値を高めるために自分自身でキャリアを設計する必要があります。しかし、**組織がこの変化に対応できていない場合、「この会社で働き続ける意味がない」と感じ、他社へ移る選択をする可能性が高まります。**

　キャリアパスの不透明さが放置されると、組織全体にも悪影響を及ぼします。まず、働く人のモチベーションが低下し、生産性が著しく損なわれることがあります。また、特に優秀な人材がキャリア形成の機会を求めて離職を選択することで、組織内でのスキルや知識の継承が難しくなり、結果として組織が空洞化して競争力が低下するリスクが生じるのです。

正しいマネジメントの方法

　キャリアパスの不透明さを解消し、社員が自身の将来に確信を持てる環境を整えるためには、以下のマネジメント方法が有効です。

①多様なキャリアパスを提供する
　従来の管理職への昇進に加えて、専門職としての成長やプロジェクトマネジメントへの参画、または新規事業やイノベーション活動への参加など、多様なキャリアの選択肢を設けます。これにより、管理職を目指さない若い世代にも、自分の成長を見据えた道筋を示すことが可能です。

②明確な評価基準を設定する
　どのようなスキルや成果が昇進や異動の条件となるのかを具体的に示し、社員が目指すべき基準を理解できるようにします。また、努力が適切に評価される仕組みを整え、年功序列だけに依存しない公平な評価を実現します。

③定期的なキャリア対話を実施する
　リーダーや上司が現場の社員一人ひとりと対話を行い、キャリアの目標や希望を確認します。このプロセスを通じて、社員が自身のキャリアに対する見通しを持つことができ、組織の中での成長を実感できるようになります。

④キャリアパスの透明性を可視化する仕組みを導入する
　社内ポータルやドキュメントを活用して、従業員が自分の進むべき道筋を簡単に確認できるようにすることで、キャリア形成に対する安心感を提供します。適切なキャリアパスや評価の仕組みが存在していても、それらを評価する側しか認識できなければ、透明性が確保されているとはいえません。

アンチパターン
37

キャリア成長の機会の欠如で壊れる

危険度 ★★★★☆   頻出度 ★★★☆☆

キャリア編

「ゆるブラック企業」からは人が逃げる

　昨今、職場環境についての表現として聞かれるようになった言葉に、「ゆるブラック企業」というものがあります。この言葉は、今までよく使われていた「ブラック企業」という言葉に若干の異なるニュアンスを追加したもので、**「仕事は楽だが、成長できず収入も上がらない企業」**を指します。

　仕事が楽なのはいいことじゃないか、と思う方もいるかもしれませんが、パワハラ・長時間労働・低賃金などのネガティブなイメージを持つ組織を示す「ブラック企業」から派生していることからわかる通り、「ゆるブラック企業」は特に若い世代から避けるべき企業として認識されるようになっています。エン・ジャパン株式会社による「ブラック企業・ゆるブラック企業」についての調査では、「ゆるブラック企業から転職すること」を肯定する回答がすべての世代の合計で76%にも上り、特

「ゆるブラック企業」を理由にした転職についての感想

「ゆるブラック企業だから」という理由での転職を、あなたはどう思いますか？（年代別）					
	同意できる	どちらかといえば同意できる	どちらかといえば同意できない	同意できない	わからない
全体	39%	37%	9%	4%	11%
20代	40%	41%	6%	4%	9%
30代	40%	38%	8%	4%	10%
40代以上	38%	36%	10%	4%	12%

出典：「「ブラック企業・ゆるブラック企業」調査」エン・ジャパン株式会社
https://corp.en-japan.com/newsrelease/2023/35543.html

に若い世代で高い傾向にあるとされています。

　このように、**ゆるブラック企業は多くの労働者から敬遠されていますが、そのことに経営者や管理職は気づきづらい**という特徴があります。その理由は、人手不足で競争の激しい現代において、労働者に負担をかけない「楽な仕事」を提供するには相応の経営努力が必要であるうえに、ワーク・ライフ・バランス（仕事とプライベートの両立を目指す考え方）やフレックスタイム制、リモートワークなどを取り入れた働き方改革に対応したことで、やるべきことは終わったと思っているからです。

　経営者や管理職が積極的な取り組みを行って働き方改革を実施し、「うちは従業員に大きな負担をかけない、いい会社だ」と思っていても、就職・転職希望者からは「ゆるブラック企業」とみなされて敬遠されたり、所属する社員はモチベーションの低下によってメンタルの安定が失われ、その結果として優秀な人が居着かなくなったりしてしまうのです。

「ゆるブラック」はなぜ問題なのか

　働く人がキャリア成長の機会が欠如していると感じる主な原因の一つが、**「学習や挑戦の場が提供されないこと」**です。「ゆるブラック」な環境では、一見すると業務量が適切でハードな印象はないものの、社員に新しいスキルを習得する機会が与えられず、日々のルーチン業務をこなすだけの状態に陥りやすくなります。このような環境では、社員は「自分がこの組織で成長している実感がない」と感じ、徐々にやりがいを失っていきます。

　また、**「昇進や役割の変化がほとんどないこと」**も問題です。従業員

キャリア編

195

が長期間同じ役割や業務を続けるだけの環境では、キャリアの停滞感が募ります。「ゆるブラック」な職場では、社員に大きな負担を課すことはないものの、同時に昇進や新しい挑戦を提供する体制も整っておらず、「現状維持」が黙認されてしまう傾向があります。業務上必要な環境の整備なども現状維持のために却下されるようになり、新しいことは何もできない環境が出来上がります。

　こうした閉塞的な環境では、社員の心理的な健康にも悪影響を与えます。「自分はこの組織でどのように成長できるのかわからない」という不安がストレスを引き起こし、燃え尽き症候群やモチベーション低下を招く可能性があります。また、こうした状況が長引くと、優秀な人材が成長の機会を求めて他社に移ることで、組織全体の競争力が低下します。

正しいマネジメントの方法

「ゆるブラック」と呼ばれる環境を脱却し、社員にキャリア成長の機会を提供するためには、以下のマネジメント方法が有効です。

①学習と挑戦の場を提供する

研修やトレーニング、プロジェクトを通じて、社員が新しいスキルを習得し、成長を実感できる機会を増やします。特に、若い世代には実務を通じてスキルを磨く場を積極的に提供することが効果的です。これによって、仕事に対するモチベーションが向上し、長期にわたって組織に貢献する意欲を持たせることができます。

②定期的なキャリアに関する対話とフィードバックを行う

「ゆるブラック」に該当する企業では、目の前の業務にだけ意識が囚われてしまい、経営者や管理職と現場の社員の間で十分なコミュニケーションが行われていないことがしばしばあります。リーダーや上司が社員一人ひとりと面談し、個人的なキャリアの目標や希望、日々遭遇する課題点などをヒアリングします。このプロセスを通じて、社員が自身の成長に向けた具体的な計画を立てられるようサポートするとともに、課題解決のためのプロジェクトの実施支援を行うと、キャリア成長の機会も作ることができます。

③社内公募制度や新規事業の提案制度を設ける

意欲的な社員に向けて、社内公募制度や新規事業の提案制度を設けることも効果的です。ただし、これが丸投げや過重労働などにつながると、意欲の高い優秀な社員を潰すことになって逆効果となる可能性があるため、「タスク編」や「プロジェクト計画編」でご説明したような留意点を踏まえて実施することが鍵となります。

キャリア編

アンチパターン
38

職務内容と経験・スキルの ミスマッチで壊れる

危険度 ★★★☆☆   頻出度 ★★★☆☆

「合わない仕事」を続けるストレスは強い

職場における労働者の満足度やパフォーマンスは、その職務内容が本人の経験やスキル、適性にどれだけ合致しているかに大きく左右されます。しかし、現実には、「自分に合わない仕事をしている」「持っているスキルが活かせない」と感じる状況に直面する人は少なくありません。

特に**人手不足の現代では、スキルや経験がマッチしていない人に対して仕事を割り当てざるを得ない状況**も発生しやすく、それが長期間継続することで担当者がストレスを抱えたり、モチベーションを失ってメンタルの安定性が失われたり、離職や組織・事業への深刻な問題につながることがあります。

ミイダス株式会社の「はたらきがいと従来のエンゲージメントサーベイに関する調査」によると、**回答者の約4人に1人（25.5%）が「働きがい」を感じていない**と回答しており、さらにその理由として、約27%が**「自分の能力や適性を活かせていない」**ことを理由に挙げています。また逆に、働きがいを感じていると回答した人はその理由として、「自分の能力や適切を活かせているから」を最も大きな理由（39.4%）として挙げており、**職務内容の適合性は労働者のモチベーションにとって非常に重要な要素**であることがわかります。

働きがいを感じている理由・感じていない理由

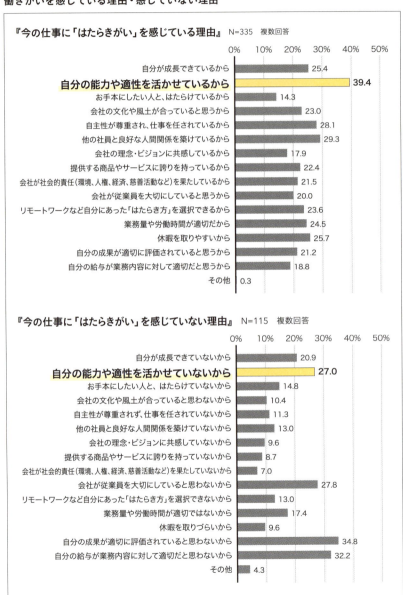

出典：「はたらきがいと従来のエンゲージメントサーベイに関する調査」ミイダス株式会社
https://prtimes.jp/main/html/rd/p/000000027.000099622.html

仕事と人のミスマッチが生じる背景

　仕事と人のミスマッチが生じる理由の一つに、「役割の明確化の欠如」があります。**職務内容が曖昧な場合、担当者は「何を期待されているのかわからない」と感じ、不安を抱えることになります**。たとえば、ジョブディスクリプション（職務記述書：特定の仕事や職務における責任、役割、必要なスキル、資格、業務内容を明確に記載した文書）が存在しない場合や、それが十分に共有されていない場合、担当者は自分の業務が全体の中でどのような意味を持ち、何を期待されているのかを理解できず、仕事へのやりがいや責任感を持ちづらくなります。

　特に日本ではこれまで「総合職」や「一般職」、「事務職」や「専門職」などといった大雑把なカテゴリで採用活動が行われ、業務に必要な知識や専門性は配属先の OJT（On-the-Job Training、オン・ザ・ジョブ・トレーニング：現場で業務を通じて訓練すること）で身につけることを想定していたため、役割が組織の中で明確化されていないケースも多く見られます。また、OJT は先輩や上司による指導を想定していますが、人手不足によって十分な指導ができない現場も多いため、**担当者は「何もわからないまま、ミスをしながら向いていない仕事をする」という状況が形成されやすくなっています**。

　仕事と担当者の経験・スキル・適性が不適合な場合、当然ながらミスが発生したり、必要な品質で予定したスケジュール通りに仕上げることが難しくなったりします。その際に「タスク編」でご説明したようなタスクの丸投げ状態やネガティブなフィードバックが発生すると、担当者は一気にモチベーションとメンタルの安定性が低下してしまいます。

正しいマネジメントの方法

　職務内容と経験・スキルのミスマッチを解消し、担当者が自分の能力を最大限に発揮できる環境を整えるためには、以下のマネジメント方法が有効です。

①各ポジションの職務内容を明確にする
　「ジョブディスクリプションの明確化」を徹底します。職務記述書を作成し、それを担当にしっかり共有することで、担当者の役割や期待される成果を明確に理解してもらいます。また、業務内容に変更があった場合は、定期的に内容を更新し、担当と確認するプロセスを設けます。

②適材適所を意識した配置を実施する
　スキルシートなどを利用して、所属する社員やパートナーのスキルや経験、適性を定期的に把握し、それに基づいて役割や業務を割り振ることで、担当が自分の能力を活かしやすい環境を提供します。厚生労働省が公表している「職業能力評価シート」や昨今よく利用されるようになっているタレントマネジメントシステムなどを利用すると効率的に行うことができます。

③業務に対するフィードバックと対話を積極的に行う
　担当者と上司（評価者）で定期的な1対1の面談などを行い、担当者が現在の職務内容についてどのように感じているのかをヒアリングします。これによって、問題の早期発見と解決が可能になります。また、今後のキャリアやスキルの展望などもヒアリングすることによって、組織で必要なポジションや新たなプロジェクトを実施する際の将来的な見通しを立てることも可能です。

アンチパターン
39

メンターシップの欠如で壊れる

危険度 ★★★★☆　頻出度 ★★★★☆

キャリア編

メンターシップは現代の複雑なビジネス環境では必須

　職場でのメンターシップは、労働者の成長やキャリア形成を支える重要な要素です。メンターシップとは、**経験豊富な先輩や助言者（メンター）が、知識やスキルを伝えたり、助言やサポートを提供することで、相談者（メンティー）が仕事の中で直面する課題を乗り越え、自信を持って成長できる環境**を作り出します。しかし、このメンターシップが欠如している職場では、特に若手や新入社員が孤立しやすく、ストレスを抱えたり、キャリアへの不安を感じたりすることで、やる気や生産性が著しく低下する事態が生じます。

　特に終身雇用制の考え方が長く続いていた日本企業では、新入社員から長年組織に所属するのが当たり前だったため、所属する人の個性や人間関係の把握、OJTによる現場での業務の習得など、明示的に指示や教育を行わずに「見て習え」というスタイルで社員を育てるという考え方が強く残っています。また、日本社会では「空気を読む」という価値観も強いため、**「業務で必要な考え方や悩みの解決を明示的に提示する仕組みが必要」**という発想がある組織は多くありません。

　さらに、仕事の相談をできる相手が上司のみであれば、相手は自分自身の業務を評価する立場であるため「弱み」や「悩み」を率直に開示することが難しかったり、性格的な相性が良くない場合は相談しにくかったりする問題が生じます。上司に適切な経験やスキルがない場合は、相談する相手がいないことになり、課題や悩みを抱え続けることになります。

メンターがいないことで起こる問題

　メンターシップの欠如が問題となる理由の一つは、**「孤立感の増大」**

です。職場において、相談できる人や助けを求める相手がいない場合、担当者は自分が抱える問題を一人で解決せざるを得ません。このような状況では、特に経験が浅い場合に「自分は適応できない」「周囲の期待に応えられない」と感じることが多く、心理的なプレッシャーが増大します。こうした孤立感は、職場でのストレスや不満を増幅させ、最悪の場合、早期離職や精神的な健康問題に発展することがあります。

また、**「知識やスキルの習得機会が失われる」**ことも、メンターシップの欠如がもたらす大きな問題です。特に、専門性の高い仕事や業界特有の知識が必要な職場では、経験豊富なメンターがいないと、担当者は独学で学ばざるを得ない状況に陥ります。独学では効率的に学べないだけでなく、誤った方法や解釈が実施されるリスクも高まります。これにより、業務の進行や成果物の品質が低下し、担当者自身が「自分は十分に成長できていない」という無力感を感じるようになります。

さらに、**「フィードバックの欠如」**もメンターシップがない環境で起こりやすい課題です。メンターがいる職場では、担当者が業務を進める中で適切なフィードバックを受け、自分の強みや改善点を把握することができます。しかし、メンターがいない場合、担当者は自分が物事を達成できているのかわからず、不安や迷いを感じることが多くなります。このような状態が続くと、担当者の自己効力感が低下し、仕事に対する積極性やモチベーションが失われていきます。

また、**「キャリア形成の道筋が見えなくなる」**こともメンターシップが欠如している職場で起きやすい問題です。メンターは、相談者が自分のキャリア目標を設定し、それに向けてどのようにスキルを磨いていけば良いのかを助言する役割を果たします。しかし、このサポートがない場合、担当者は自分の努力の方向性が正しいのかわからず、不安を抱えることになります。このような不安が続くと、担当者は職場での成長や将来の可能性を見出せなくなり、転職を選択するケースも増加します。

キャリア編

正しいマネジメントの方法

　メンターシップの欠如による問題を解決し、労働者が成長を実感できる環境を整えるためには、以下のマネジメント方法が有効です。

①正しいメンター制度を導入する

　経験豊富な社員をメンターとして任命し、若手や新入社員が業務上の課題やキャリアに関する相談を気軽に行える仕組みを整えます。この制度では、メンターとメンティーの役割を明確に定め、定期的なミーティングを設定することで、効果的なサポートを提供します。

　昨今では上司と社員による「1on1（1対1の面談）」という形でヒアリングとフィードバックの場を設ける組織も増えてきましたが、これでは評価者が相手の悩みを聞く形になるため、メンターシップとしては機能しない可能性があります。発足して年数が経っていない若い組織や、事業会社で新規事業開発プロジェクトを実施する場合など、自社に必要な経験や知識を持つ社員がいない場合は、外部のパートナーなどに依頼してメンターを担ってもらう方法も有効です。

②フィードバック文化を育成する

　メンターシップは制度の中だけでなく、日々の業務の中でも取り入れることが可能です。業務の中で、成果や課題に対して具体的で建設的なフィードバックを提供することで、担当者が自分の進捗を理解し、改善に向けたアクションを取ることができます。フィードバックの頻度を増やすことで、担当者が迷いや不安を抱えにくくなり、メンターシップと同様の効果をもたらすことができます。

③メンターを育成する

　組織の持続的な発展に備え、メンター自身が適切な指導方法を学び、効果的なサポートを提供できるようにします。コミュニケーションスキルやフィードバック技術に関するトレーニングが含まれます。

アンチパターン
40

プロフェッショナルスキルの成長停滞で壊れる

危険度 ★★★★☆　頻出度 ★★★★☆

キャリア編

日本企業はプロフェッショナルスキルに対する意識が低い

　先行きの不透明な現代のビジネス環境において、労働者個人がプロフェッショナルとして成長し続けることは、キャリア形成の中で非常に重要な要素です。昨今では「キャリア自律」という考え方が広まりつつあります。これは「個人が自身のキャリア（職業人生やキャリアプラン）について主体的に考え、計画し、行動すること」を意味します。過去には終身雇用制度が信じられており、会社や上司がキャリアを管理してくれるのが当然だと考える人が多かったのが、今では転職や独立が当たり前になっているため、**自分自身でキャリアを設計することが特に若い世代で極めて重視されている**のです。

　これまで業務上の訓練を OJT に頼ってきた日本企業は人材育成に対する投資意識が低く、厚生労働省がまとめた「2022年度第3回雇用政策研究会」報告書によると、日本企業の研修などに関する人材投資は他の

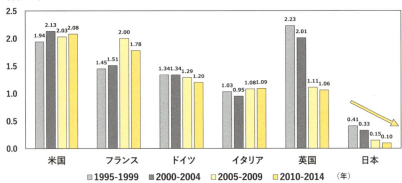

企業の人材投資（OJT以外）の国際比較（対GDP比）※再掲

出典：「2022年度第3回雇用政策研究会（参考資料集）」（厚生労働省）より作図
https://www.mhlw.go.jp/content/11601000/000988613.pdf

先進国と比べて極めて低い水準にあることが指摘されています。

　また、厚生労働省の「能力開発基本調査（令和4年度）」によると、人材育成に関する問題点として、指導者の不足の問題に次いで「人材を育成しても辞めてしまう」と回答した企業が50.8%に上るなど、「わざわざ投資して人材育成をしても転職されたら無駄になる」という考え方も根底にあることが伺えます。

　しかし、従業員のキャリア自律について調査したパーソル総合研究所の「従業員のキャリア自律に関する定量調査」によると、**キャリア自律が高い従業員ほど仕事のパフォーマンスが高く、自社でそのスキルを発揮できる見込みがあれば転職への意向を下げる**ことが報告されています。

　つまり、本編でご説明したようなキャリアの透明性や見通しがあれば、組織がスキルに投資しても人が大量に辞めることは起こらないのです。また、そもそもスキルが不足した状態では、業務やプロジェクトを適切に遂行することが難しくなり、それによるミスや失敗で社員のモチベーションやメンタルの安定性が低下し、休職や離職につながる可能性が高くなるでしょう。

キャリア編

正しいマネジメントの方法

　プロフェッショナルスキルの成長停滞を防ぎ、社員が継続的にスキルを高められる環境を構築するためには、以下のマネジメント方法が有効です。

①学習の機会を確保する

　社内外の研修プログラムやトレーニング、オンライン学習ツールを積極的に活用し、社員が最新のスキルや専門知識を学べる環境を提供します。また、必要に応じて時間や予算を確保し、学習の優先順位を高める取り組みを行います。研修プログラムやオンライン学習ツールの選定には現場の声を反映し、形だけのものにならないようにすることも重要です。

②新しい挑戦を提供する

　学習したスキルや知識を活かすことができるよう、従来の業務に加えて、新規事業・新規プロジェクトの起案・提案・立ち上げや、部門横断的なプロジェクトへの参加などの新しい課題に取り組む機会を設けます。これにより、社員が多様な経験を積み、スキルを磨く場を提供できます。

③キャリアの目標設定を支援する

　プロジェクトのリーダーや上司が社員と定期的にキャリアについて話し合い、具体的な成長目標を設定します。このプロセスでは、社員が必要なスキルを特定し、それに向けてのアクションプランを策定することが重要です。また、この際に「36 キャリアパスの不透明さで壊れる」でご説明したようなキャリアパスの透明性の確保や、「39 メンターシップの欠如で壊れる」でご説明したようなメンターシップの仕組みの活用などができると、より効果を得られるでしょう。

アンチパターン
41

キャリア変更の際の失敗で壊れる

危険度 ★★★★★　　頻出度 ★★★☆☆

キャリア編

キャリア変更は労働者にとってリスクのある選択

　現代の職場環境において、キャリアの変更や新しい役割への挑戦は、多くの労働者にとって避けられない局面となっています。部署異動、新規プロジェクトへの参加、専門分野の変更、さらには転職や起業など、キャリアの変更は労働者に新たなチャンスをもたらす一方で、それに失敗すると大きな不安やストレスを引き起こす可能性があります。

　労働者にとってキャリア変更の際の不安やストレスは小さくなく、最も大きなキャリア変更である転職について、株式会社識学の「転職後の幸福度調査」によると、**回答者の59.7%が転職後に「後悔・失敗した」と感じている**と報告されています。また、その理由として「給与が思ったより低かった」（34.7%）や「組織の風土が合わなかった」（22.8%）、「思い描いていた役職・業務内容と異なっていた」（19.9%）などが上位に挙げられています。また、上司の指示や受けた評価に対する不満も多

転職後に「後悔・失敗した」と感じた理由

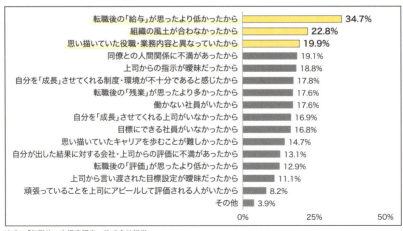

出典：「転職後の幸福度調査」株式会社識学
https://prtimes.jp/main/html/rd/p/000000076.000029010.html

く挙げられています。

こうした不安が拭えず新しい環境に馴染めない場合は早期離職することになり、株式会社マイナビによる「転職活動における行動特性調査2024年版」では**転職経験者の約5人に1人（20.1%）が勤続1年未満の早期離職を行っている**と報告されています。

採用には多くのコストがかかりますが、採用した人がパフォーマンスを発揮しない場合は費用対効果が悪いだけでなく、早期離職が続くと「新しい人が来てもどうせ辞めるから」と周囲のサポートへの意欲が低下し、それによってさらに早期離職が増えて常に人手不足になるという負のループに陥る可能性もあります。

キャリア変更の不安とリスク

キャリア変更が転職者に与える影響の一つに、**「未知への恐怖」**があります。新しい役割や職務に対する期待感がある一方で、「自分にできるだろうか」という不安や、過去の成功体験が通用しないのではないかという懸念が生じます。このような状況では、転職者は自己効力感を失いやすく、新しい環境や業務に適応するためのエネルギーが著しく低下することがあります。

また、**「スキルや知識の不足」**も、キャリア変更の際の不安を助長します。新しい職務がこれまでの経験やスキルセットと大きく異なる場合、転職者は「自分は新しい環境で通用しないのではないか」と感じ、心理的な負担を抱えることになります。特に、研修などの具体的なトレーニングやサポートが不足している場合、この不安はさらに増幅され

キャリア編

ます。

　さらに、**「社会的評価への懸念」**も無視できません。キャリア変更には、他者からの評価や期待が影響を与えることが多くあります。たとえば、昇進や役職変更の場合、転職者は「周囲の期待に応えられるだろうか」「自分が失敗したらどう思われるだろうか」といったプレッシャーを感じることがあります。このようなプレッシャーは、キャリア変更の過程で精神的な負担を大きくする要因の一つです。

　異動や転職をしてきた人を受け入れる際は、そうした立場の人がどのような不安やリスクを抱えているのかを理解し、サポート体制を築くことが鍵となります。これによって、新しいメンバーが早期に立ち上がるのを促進するだけでなく、組織に「新しい風」が吹き込んで、新しい考え方や価値観をもたらすことにもつながるのです。

正しいマネジメントの方法

　キャリア変更に伴う不安を軽減し、労働者が安心して新しい挑戦に取り組める環境を整えるためには、以下のマネジメント方法が有効です。

①事前準備と情報共有を徹底する
　新しく組織や職場、プロジェクトに参加する人に対して、新しい役割や職務、組織や経営者に関する詳細な情報を提供します。これにより、説明を受けた人は「自分に何を期待されているのか」や「新しい環境にいる人やそこの組織風土」を具体的に理解でき、不安を軽減することができます。人手不足の組織では、往々にして好印象を得るために事実と異なる説明をして採用を行おうとしますが、これは早期離職につながって採用コストが無駄になるだけでなく、業界内の悪評や組織の崩壊にも波及する可能性があるため、避けるのが賢明です。

②トレーニングとサポートを提供する
　新しいスキルや知識が必要な場合には、研修やトレーニングプログラムを用意し、新人が自信を持って新しい役割に挑戦できるよう支援します。また、上司やメンターとの定期的な1対1の面談を通じて、進捗状況を確認しながら必要なサポートを提供します。

③チームビルディングを実施する
　早期の人間関係構築のために、ランチ会や飲み会、雑談の場などを設け、お互いの個性を知るための定期的なチームビルディング活動を実施します。これにより、新人に疎外感を与えず、またわからないことを聞きやすくするなど、業務上のコミュニケーションを行いやすくします。

プロジェクトマネジメントの基礎知識

　ただ企業に所属して勤め上げることを考えればよかった時代とは違い、今は転職や独立・起業などが当たり前の時代になっています。今後の社会ではキャリアパスは人生における「地図とコンパス」であり、企業はそれらを社員に提供できるかが、採用や人材活用における鍵となっています。

　特に、少子高齢化による人手不足が深刻化し、若い世代がキャリアパスの構築について積極的に取り組もうとしている中、優秀な人材を確保し、長く活躍してもらうためには、個々のキャリア設計を支援する仕組みが不可欠です。

ジョブディスクリプション（職務記述書）を明確にする

　これまで多くの日本企業では「見て習え」という考え方の元に OJT（On-the-Job Training、オン・ザ・ジョブ・トレーニング：現場で業務を通じて訓練すること）が活用されてきました。しかし、業務が高度化し、さらに人手不足によって指導を行える人が不足している現状では、この方法は新しく業務に就く人にとって「丸投げ」状態となる可能性が高くなります。これを避けるため、事業やプロジェクトとして必要な業務やポジションの内容について、ジョブディスクリプションとして明確にし、何が期待されているのかを明確に共有する必要があります。

人材育成プログラムを導入する

　新しく取り組む業務に対する理解や必要とされる知識やノウハウを、OJT での獲得や自助努力だけに頼ると、時間がかかるうえにミスも増えて人材の定着や育成につながらない可能性があります。その対策として、自社のエキスパートや外部の人材に依頼して研修や育成プログラムを導入することが有効です。これによって優秀な人材が育つ可能性を上げるとともに、戦力になるまでの時間を短縮することができます。

多様なキャリアパスを設計する

　管理職への昇進だけでなく、業務やプロジェクトで求められる職務内容やスキルに応じて、社員が多様なキャリアパスを持てるように設計します。社員が自分自身の適性や希望に沿ったキャリアを進むことができるようになり、事業に対する長期の貢献意欲を持てるようにします。

対話とサポートを行う

　上司と部下、もしくは人事部と社員などの1対1の面談でヒアリングやフィードバックを行い、社員の不安や希望について把握できるようにします。さらに業務経験が豊富な先輩や外部の専門家によるメンターシップの仕組みを導入し、新しい業務や役割に取り組む人をサポートします。これによって、担当者の不安を解消するとともに、組織やプロジェクトへの信頼を確保し、中長期的な貢献が行われるようにします。

キャリア編

217

組織・環境編

現代において、組織やその環境は労働で報酬を得るための職場であるだけでなく、より良い人生を形作るためのスキルアップやキャリア設計を行う場でもあります。しかし、同時に不正行為やハラスメントに関わるというリスクも存在し、これらは人生に大きな影響を及ぼす可能性があります。本編では、組織・環境に関するアンチパターンと正しく実践するための基礎知識をご説明します。

アンチパターン
42

労働環境の
不適切さで壊れる

危険度 ★★★★★　頻出度 ★★★☆☆

労働環境が劣悪な組織は今も多い

　一日の1／3以上の時間を過ごす労働環境は、言うまでもなく、労働者にとって極めて重要な要素です。労働環境が不適切な場合、ストレスや疲労が蓄積し、最終的には精神的・肉体的に「壊れる」事態を引き起こします。株式会社ライボの「2023年 働く環境の実態調査」によると、回答者の実に52.8％が「ブラックだと感じる企業に勤めた経験がある」と回答しており、その理由として**「長時間労働」（68.9％）、「ハラスメントがある」（48.3％）、「根性論が飛び交っている」（43.3％）**が上位に挙げられています。「働き方改革」や「ワークライフバランス」という言葉が認知されるようになっても、未だ過酷な労働環境は多く残っているのが現実です。

ブラックだと感じた内容

出典：「2023年 働く環境の実態調査」株式会社ライボ
https://job-q.me/articles/14729

不適切な労働環境がもたらす影響

実態調査の回答に挙げられている通り、労働環境の不適切さで最も問題とされるのは「長時間労働と過重労働の常態化」です。**日本では依然として長時間労働が根強く残っている職場があり、労働者のワークライフバランスが崩れることで、心身に深刻な影響を及ぼしています。**

特に、過度な残業や休日出勤が続くと、睡眠不足や生活習慣の乱れが生じ、最終的には健康を損ねるリスクが高まります。また、「仕事を終わらせなければならない」というプレッシャーから、労働者が自主的に長時間労働を選択せざるを得ない状況になることもあり、これが組織全体の風土として定着してしまう場合もあります。

納期や予算が決まっているプロジェクトでは、タスク編やプロジェクト計画編でご説明した通り、マネジメントの欠如や失敗によってプロジェクトリーダーやメンバーの長時間労働・過重労働が発生しやすくなります。適切なマネジメントを浸透させることができなければ、これらの問題は常態化し、休職や離職によってプロジェクトや通常業務の遂行能力が組織から失われる可能性もあります。

心理的な要因と物理的な要因

長時間労働や過重労働は労働者のメンタルの安定性にマイナスの影響を与え、不適切な労働環境の心理的な要因となる**職場の雰囲気や人間関係の悪化**につながります。そこに上司やリーダーからのハラスメントが横行すると、労働者はより精神的に追い詰められることになります。過度な監視やミスに対する過剰な叱責など、プレッシャーの強い環境で

は、労働者が「常に気を張っていなければならない」と感じ、強いストレスを抱えるようになります。このような状態が続くと、燃え尽き症候群（バーンアウト）に陥り、仕事を続けることが困難になるケースも少なくありません。

　また、物理的な要因として、**不十分な設備や劣悪なオフィス環境**が挙げられます。たとえば、オフィスが狭すぎる、騒音が多い、適切な温度管理がされていないといった問題があると、労働者の集中力が削がれ、疲労が溜まりやすくなります。また、デスクや椅子が適切でない場合、長時間の作業による身体的な負担が増し、腰痛や肩こり、眼精疲労などの健康問題を引き起こす可能性があります。十分な性能を持たないパソコンやモニターが支給されることによって、作業効率が落ちて結果として長時間労働につながるといったケースもあります。

組織・環境編

正しいマネジメントの方法

　労働環境の不適切さを改善し、労働者が安心して働ける環境を構築するためには、以下のマネジメント方法が有効です。

①長時間労働を防ぐ制度を導入する

　業務量を適正に管理し、労働者が無理なく働けるスケジュールを設定します。特に、残業時間の上限を明確にし、適切な休暇取得を促進することで、過労を防ぐことができます。プロジェクトや業務の都合上、やむを得ず長時間労働が発生する際も長期間にわたらないようにしたり、代休や有給休暇を取れるようにするなどの配慮をします。

②物理的な職場環境の整備を徹底する

　オフィスのスペースやレイアウトを見直し、騒音対策や温度・照明管理を適切に行うことで、労働者が集中力を維持しやすい環境を提供します。また、長時間利用しても疲れないデスクや椅子を導入し、労働者の身体的負担を軽減することも重要です。

③心理的安全性を確保する

　ハラスメントについての研修等を行って意識の向上に努め、防止策を明確にします。ミスを責めるのではなく、業務プロセスの改善など仕組みで対応できるよう整備を行い、労働者がプレッシャーを感じずに業務に取り組めるようにします。

④労働者の声を反映する仕組みを導入する

　定期的なアンケートやヒアリングを通じて、労働環境に関するフィードバックを収集し、課題を早期に特定して改善に取り組みます。これにより、労働者が組織の方針に納得し、自ら働きやすい環境づくりに参加することができます。

アンチパターン
43

無意味な組織変更で壊れる

危険度 ★★★★☆　頻出度 ★★★☆☆

組織・環境編

無意味な組織変更が社員や顧客に与える影響は大きい

組織は常に変化し続けるものであり、競争環境の変化や事業戦略の見直しに応じて、組織変更が行われることは珍しくありません。適切な組織変更は、事業の成長や生産性向上を促し、労働者に新たな機会を提供することができます。しかし、組織変更が無計画であったり、合理的な理由が不明確であったりすると、**労働者の混乱や不信感を招き、結果として組織全体のパフォーマンスを低下させる**要因となります。

この「無意味な組織変更で壊れる」問題は、企業の成長を阻害するだけでなく、労働者の心理的負担を増大させる危険性をはらんでいます。また、**顧客や取引先から見ても提供される商品やサービスの継続性・将来性に不安を感じることになり、マイナスの影響**があります。

組織変更には目的と説明が必要

無意味な組織変更が労働者に影響を与える最大の理由は、**「目的の不明確さ」**にあります。経営陣が「組織を変えれば何かが良くなるだろう」と考え、明確な戦略なしに部署の統廃合や役職の変更を行うと、労働者は変更の意図を理解できず、不安を抱くことになります。たとえば、「営業部とマーケティング部を統合する」「管理部門を分割する」といった変更が突然発表され、具体的な意図や目標が説明されない場合、労働者は「なぜ変更が必要なのか？」「新しい組織構成で自分の役割はどうなるのか？」と戸惑うことになります。

さらに、組織変更の背景に社内政治などが見え隠れすると、そこに上層部のエゴを感じるようになり、不信感を抱きます。このような状況で

は、社員の業務への納得感が失われ、キャリアの透明性や自身が受ける評価に対する不安につながります。

また、**「頻繁な組織変更」**も問題です。短期間のうちに何度も組織構造が変わると、労働者は新しい環境に適応する余裕を失い、業務の遂行に支障をきたします。たとえば、数年ごとに部署名が変わったり、リーダーが頻繁に交代したりすると、労働者は新しい上司やチームメンバーとの関係構築に追われ、本来の業務に集中できなくなります。さらに、「どうせまた変わるのでは？」という諦めの意識が生まれ、変化に対する抵抗感が強まることもあります。

そして、**「形だけの組織変更」**も現場に混乱をもたらします。たとえば、経営陣が「最新のトレンドに合わせた組織体制にする」といった理由で、実態の変化を伴わない「DX推進部」や「グローバル推進室」を設置するケースがあります。しかし、実際には業務フローが変わらず、単に流行りの横文字の部署名になるだけで、労働者のコミュニケーション上の負担が増えるだけのことも少なくありません。このような変更は、労働者の時間と労力を無駄にするだけでなく、組織全体の業務効率を低下させる要因になります。

顧客や外部環境への対応にも影響が出る

無意味な組織変更は、顧客に対しても悪影響を及ぼします。たとえば、**担当者が頻繁に変わることで、顧客との関係構築が難しくなり、サービスの品質が低下するリスク**があります。特に、法人営業やコンサルティング業務では、顧客との信頼関係が非常に重要です。しかし、組織変更のたびに担当者が変更されると、顧客は「また新しい担当者か」と不満

を持ち、企業への信頼が低下する可能性があります。また、組織改編によって業務の引き継ぎが不十分な場合は顧客対応の質が低下し、クレームや契約解除につながるケースもあります。

　また、組織変更に伴う内部の混乱が、外部への影響として表れることもあります。たとえば、部署の統合によって社内の意思決定プロセスが複雑化し、顧客対応のスピードが遅れることがあります。あるいは、経営陣が組織変更にかかりきりになり、本来優先すべき顧客対応や事業戦略がおろそかになるケースもあります。このような影響は、**特に競争の激しい市場では致命的な問題**となる可能性があります。

　無意味な組織変更は、内部から見ても外部から見ても組織が不透明になるという大きなデメリットを伴います。**経営陣の気分を変えるという感覚で実施するのは大きな悪影響を伴うことを理解し、中長期の事業計画に則った適切なものとする必要があります。**

正しいマネジメントの方法

　無意味な組織変更による混乱を防ぎ、社員と顧客の双方にとってプラスとなる組織変更を実施するためには、以下のマネジメント方法が有効です。

①組織変更の目的を明確にする

　変更の背景や意図を、中長期の事業戦略を元に経営陣や管理職だけでなく現場の社員や顧客にも十分に説明し、「なぜこの変更が必要なのか」「どのようなメリットがあるのか」を明確に伝えます。特に、顧客に対する影響を事前に想定し、担当者の変更や業務フローの変更が顧客にとって不利益にならないように配慮することが求められます。

②組織変更の影響を最小限に抑える

　事前に組織変更の影響に関するシミュレーションを行い、コストとリスクを分析します。また、業務フローや顧客対応の変更点を事前に調整し、スムーズな移行を実現することが重要です。さらに、社員の異動を伴う場合は、組織変更に伴う業務内容の変化に備え、研修やガイドラインを提供し、業務知識や現場での混乱を最小限に抑える工夫が必要です。

③組織変更の影響をモニタリングする

　組織変更後に、労働者の負担や顧客の満足度を定期的にチェックし、必要に応じて調整を行います。これにより、問題が発生した際に迅速に対応し、組織全体のパフォーマンスを維持できます。頻繁に組織変更を行う組織では、この組織変更の影響についてモニタリングを行っていないために、成果を感じられず組織変更を繰り返す傾向があります。また、このモニタリングには現場と顧客からの意見も含めて、生の声を組織のあり方に反映させることも重要です。これによって、現場と顧客から信頼される組織づくりを行うことができます。

組織・環境編

アンチパターン
44

社内政治で壊れる

危険度 ★★★★☆　　頻出度 ★★★☆☆

社内政治が持つリスク

　事業や組織が成長するにつれて、社内の意思決定プロセスは複雑化し、部署間の調整や利害関係の調整が必要になります。適切な意思決定と組織運営が行われていると、組織は健全に機能し、社員も安心して業務に取り組むことができます。特に日本では中間管理職が担当する部署の業務や売上・コストを管理し、それらを事業戦略や事業計画として調整しながら取りまとめていく縦割り型の企業が一般的です。**部署間の調整の際には、個人的なコネクションの活用や意思決定の前の根回し（事前調整）、調整相手との貸し借りといった公式・非公式のやり取り、いわゆる「社内政治」が行われます。**

　社内政治は利害が対立しやすい縦割りの組織を円滑に動かすうえで必要なものであり、必ずしも問題があるわけではありませんが、個人のコネクションが組織の意思決定や評価に直結するなど、過度に影響力を持ち始めると、**社員にとって職場は「成果を出す場」ではなく、「派閥争いに巻き込まれる場」へと変わり、心理的なストレスや業務の停滞を引き起こす原因**になります。この問題は、組織の健全性を損ない、現場の社員の士気や生産性を大きく低下させる要因となります。

過度な社内政治が社員に与えるデメリット

　社内政治が現場の社員に与える最大の問題は、**「実力よりも人間関係が重視される環境の形成」**です。社員が努力し、スキルを磨き、成果を出しても、評価が「上司や派閥との関係」によって左右されるようになると、組織への信頼を失います。たとえば、特定の上司や役員と親しい者が昇進しやすく、実力のある社員が正当な評価を受けられない状況が続くと、社員のモチベーションは急激に低下します。このような環境で

は、スキルや成果ではなく「社内の権力関係をうまく利用する能力」が重要視されるようになり、事業の成長を阻害します。

また、**「派閥争いの激化」**も社内政治がもたらす大きな問題です。組織内に明確な派閥が形成されると、社員は「どのグループに属するべきか」を意識せざるを得なくなり、本来の業務とは無関係な駆け引きに時間とエネルギーを費やすことになります。たとえば、経営陣や幹部の対立が激しい企業では、現場の社員が特定の派閥に属さなければ業務が円滑に進まない、あるいは意見を述べにくい状況に陥ることがあります。このような環境では、社員が「仕事の成果」よりも「誰とどう関係を築くか」を重視するようになり、組織の生産性は著しく低下します。

さらに、**「不透明な意思決定プロセス」**も社内政治の弊害の一つです。組織の意思決定が特定の人物や派閥によって不透明に進められると、現場の社員は「なぜこの方針が採用されたのか」「なぜこの人が昇進したのか」と疑問を持つようになります。たとえば、合理的な業務改善案が特定の権力者の意向に反すると却下される、あるいは特定の部署やグループにのみ有利な決定がなされるといった状況が続くと、社員は組織に対する信頼を失います。このような不透明な環境では、労働者は「どれだけ努力しても意味がない」と感じ、業務への関与が消極的になったり、早期離職したりする可能性が高まります。

また、発言の内容や業務の成果といった本質的な物事よりも、「誰が誰に言ったか（行ったか）」といった人間関係のみが重視されるようになると、社員の間に心理的安全性が保たれなくなります。発言したり目立つ行動をしたりすること自体がキャリア上のリスクとなるため、**経営者や管理職が間違った発言や行為を行っても批判する人がいなくなり、組織に忖度が蔓延**します。こうした状況では現場の社員は組織に対する貢献よりも、自分自身の保身のみを考えるようになります。

正しいマネジメントの方法

　社内政治による弊害を防ぎ、組織を健全に運営するためには、以下のマネジメント方法が有効です。

①透明性のある意思決定プロセスを確立する
　会社のビジョンやミッションを明確にすることで、意思決定の基準が統一され、評価や昇進、業務方針に関する情報を組織全体で共有しやすくなります。それにより、不透明な権力構造を排除し、公正で透明性の高い運営を実現できます。また、重要な意思決定には複数のステークホルダー（利害関係者）を関与させ、特定の派閥の影響を排除する仕組みを構築します。

②客観的な評価基準を立てる
　昇進や評価の基準を明確にし、業績やスキルに基づいて公平に評価を行うことで、「派閥に属しているかどうか」が評価に影響を与えない環境を作ります。また、上司との関係よりも業績や貢献が重視される風土を醸成することが、社内政治を抑制する鍵となります。

③オープンなコミュニケーション文化を推奨する
　部門間の壁を取り払い、社員が自由に意見を述べられる環境を整えることで、社内政治による不信感や対立を減少させます。定期的なフィードバックや社内ミーティングを実施し、経営陣と現場の社員が直接対話できる場を設けることも効果的です。また、社内で対立が発生した際は建設的な議論ができるよう、第三者が仲介する仕組みを整えます。これにより、対立が個人攻撃や派閥争いに発展するのを防ぎます。

組織・環境編

アンチパターン
45
情報セキュリティ意識の低さで壊れる

危険度 ★★★★★　頻出度 ★★★★★

多くの経営者が現状を把握できていない

　現代のビジネス環境では、情報セキュリティの重要性がますます高まっています。顧客情報や機密データの管理、自社システムやネットワークへのサイバー攻撃対応など、適切なセキュリティ対策が求められる場面は多岐にわたります。しかし、組織全体のセキュリティ意識が低い場合、企業は重大なリスクにさらされることになります。情報漏洩やサイバー攻撃の被害は企業の社会的評価にも直結するため、企業間取引にも影響を与え、事業の継続性が失われるほどの経済的な打撃になることがあります。

　しかし、多くの企業の経営者はこうしたリスクの大きさや自社の情報セキュリティの現状を把握できていません。ドリーム・アーツ株式会社の「情報セキュリティに関する調査」によると、**経営層の68.0%が「十分対策している」と回答しているのに対し、管理職以下の役職ではそれ**

組織・環境編

「重要な情報」に対する情報セキュリティ対策状況（役職別）

役職	十分対策している	おおむね十分だが改善の余地はある	対策はしているが十分ではない	全く対策できていない	必要性を感じていない
非管理職 （社会人1〜3年末満）	35.3%	41.2%	23.5%	0.0%	0.0%
非管理職 （3年以上）	54.9%	35.6%	8.2%	0.0%	1.3%
中間管理職 （係長、課長、次長クラス）	42.5%	48.1%	8.5%	0.0%	0.9%
管理職 （部長クラス）	53.2%	41.5%	5.3%	0.0%	0.0%
経営層 （取締役以上）	**68.0%**	24.0%	8.0%	0.0%	0.0%

出典：「情報セキュリティに関する調査」ドリーム・アーツ株式会社
　　　https://www.dreamarts.co.jp/news/press-release/pr250109/

を大幅に下回る回答となっているなど、現場との情報セキュリティ意識の差を見て取ることができます。また、多くの経営層が十分対策していると回答しているにもかかわらず、「過去1年間にセキュリティインシデント（事故）の経験がある」との回答が63.4%にも上るなど、実態との乖離も見られます。

　こうした意識の差が生まれる背景には、経営者や上層部が現代のシステムについて十分な知識を持っていないこと、さらに投資判断の不適切さの問題があります。現場の社員は自社の業務システムやサービス、現代のサイバー攻撃について一定の知識があるために、経営者に情報セキュリティ対策のための投資を促しますが、経営者はその投資を「利益や価値を生み出さないコスト」として却下してしまうのです。

情報セキュリティ意識が低い組織で発生しやすい問題

　情報セキュリティ意識が低い組織で発生しやすい問題の一つが、「情報管理のずさんさ」です。たとえば、顧客データを個人のUSBメモリに保存して持ち運ぶ、重要な契約書をローカルPCに保管し適切なバックアップを取らない、パスワードを簡単なものに設定して使い回す、といったケースが挙げられます。このような習慣が放置されると、内部の不正アクセスや外部からの攻撃による情報漏洩のリスクが高まり、顧客や取引先との信頼関係が一瞬にして崩壊する可能性があります。

　また、「自社システムや社内ネットワークの脆弱性の放置」も情報セキュリティ意識の低い組織に共通する問題です。たとえば、古いOSをそのまま使い続ける、セキュリティパッチを適用せずに業務を行う、Wi-Fiのパスワードを適切に管理しない、自社で構築したシステムや

サービスに適切な脆弱性対策を実施しない、といった事例です。こうした脆弱性が放置されると、外部のハッカーに狙われやすくなり、ランサムウェアによる業務システムの乗っ取りや機密情報の流出といった被害が発生する可能性が高くなります。

責任転嫁は最悪のケース

　情報システム部門や現場の社員からの情報セキュリティ対策に関する稟議の却下や予算の絞り込みが繰り返されると、次第に「諦め」の雰囲気が漂って稟議や警告が社内から行われなくなります。しかし、それによって実際にランサムウェアによるシステムの乗っ取りや情報漏洩などのインシデントが発生すると、**被害の大きさから経営者や上層部がパニックになり、情報システム部門や現場の社員に対してプレッシャーをかけたり、責任を転嫁したりする**といったケースがあります。これらの部署の社員は問題収束のために長期間の過重労働を強いられることもあり、責任転嫁が行われると一気に組織への信頼が失われて大量の離職者が発生することがあります。

組織・環境編

正しいマネジメントの方法

　セキュリティ意識の低さによるリスクを軽減し、組織全体で安全な環境を確保するためには、以下のマネジメント方法が有効です。

①セキュリティ投資の重要性を経営層が理解する

　まず、セキュリティ対策は単なるコストではなく、企業のブランド価値を守り、長期的な信頼性を維持するための投資であることを経営者が理解する必要があります。経営者自身が学習することが難しい場合は、専門知識を持つ社員や専門のコンサルタントに依頼し、具体的な損害額の試算や他社の事例を踏まえて対策の必要性を理解することが重要です。

②セキュリティ教育の徹底を行う

　管理職を含む全社員に対して定期的なセキュリティ研修を実施し、最新のサイバー攻撃の手口や情報漏洩のリスクについて理解を浸透させます。特に、実際の被害事例を交えた具体的な研修を行うことで、社員の意識を高めることができます。

③技術的な対策の強化を行う

　最新のセキュリティソフトやファイアウォールの導入、データの自動バックアップ、アクセス権限の管理など、システムレベルでの対策を講じることで、ヒューマンエラーを防ぐことができます。また、自社が持つシステムやサービスに対しては必ず脆弱性検査を行い、技術的な脆弱性が放置されていないことを確認します。

④定期的なセキュリティ監査と改善を実施する

　セキュリティポリシーが適切に運用されているかを定期的にチェックし、必要に応じてルールや対策をアップデートすることで、組織全体の安全性を維持します。

アンチパターン
46

ツールや技術の不十分さで壊れる

危険度 ★★★★★　頻出度 ★★★★★

組織・環境編

新しい技術やツールの導入は企業の死活問題に

　現代のビジネスにおいては、業務の効率化や生産性向上のために、適切なツールや技術の導入が欠かせません。特に **IT のツールやサービス、技術の発展は目覚ましく、新しいものを利用すると従来の数倍～数十倍の効率を上げることができる**といったことは珍しくありません。たとえば、プロジェクトを実施する際には多くの情報を可視化しますが、Miroや Figma などのツールを使えば数時間で終わる資料作成作業も、一般的なオフィス系ソフトでは、機能やインターフェースが描画に最適化されておらず整形などに時間を使うため、数倍程度かかることがあります。また、昨今大きく進歩している生成AIやローコードツールを利用すれば、業務によっては大幅に効率化を行ったり、自動化することができるようになっています。

　ほとんどの日本企業では、人手不足や複雑なプロジェクトに対応できる人材の育成が喫緊の課題となっており、こうした新しいツールや生成

生成AIの活用方針策定状況

	積極的に活用する方針である	活用する領域を限定して利用する方針である	方針を明確に定めていない	利用を禁止している	わからない
日本	15.7	27.0	41.4	4.3	11.7
米国	46.3	32.4	17.2	3.2	1.0
ドイツ	30.1	50.5	16.8	1.3	1.3
中国	71.2	23.9	4.9		0.0

出典：「国内外における最新の情報通信技術の研究開発及びデジタル活用の動向に関する調査研究」総務省（2024）

AIによって業務を効率化していくことは必須のテーマです。しかし、実態はこの事実とは大きな乖離があります。総務省の「令和6年版 情報通信白書」によると、**生成AIを利用する方針であると回答した日本企業は42.7%であり、米国、ドイツ、中国と比較すると約半数**となっています。

　また、PwC株式会社の「生成AIに関する実態調査2024 春 米国との比較」によると、生成AIを活用する際に直面した課題として、「必要なスキルを持った人材がいない」（64%）「ノウハウがなく、どのように進めれば良いか、進め方がわからない」（49%）「活用のアイデアやユースケースがない」（45%）が上位3つの理由として挙げられるなど、**技術そのものの理解や技術の利用についての試行錯誤が進んでいない**ことがわかります。

　こうした状況の背景にあるのは、「40 プロフェッショナルスキルの成長停滞で壊れる」や「42 労働環境の不適切さで壊れる」でご説明した通り、経営者の専門知識やスキルに対する認識の欠如及び人手不足による過重労働がもたらす、「目の前の仕事を回すだけで精一杯、それ以外のことを考えたり試したりする余裕がない」「経営者による投資も行われない」という実情でしょう。

ツールやシステムがアップデートされないことによるリスク

　生成AIのような最先端の技術だけでなく、普段使用している業務システムやツールがアップデートされないことも事業上の大きなリスクとなることがあります。最も典型的な例は、**「時代遅れのシステムを使い続けること」**です。たとえば、古い基幹システムを長年使い続けている

企業では、社員は操作の煩雑さに悩まされ、また設計やプログラミング言語の古さから、新しく開発されるシステムとの連携が難しくなることがしばしばあります。これによって、本来あるべき業務フローを実現することができず、**業務が非効率なまま事業を続けざるを得なくなる**ことがあります。

　また、「**ツールの選定が経営層主導で行われ、現場の意見が反映されない**」という問題もよく見られます。現場の社員が実際に業務で使用するツールであるにもかかわらず、導入の決定権が経営層やIT部門に偏っていると、実際の業務フローに合わないツールが選ばれてしまうことがあります。たとえば、経営層の意向で「最先端の顧客管理システム」を導入したものの、現場では複雑すぎて活用されず、結局エクセルやメールが主流のままになってしまう、といった状況です。このような**ツールのミスマッチは、単に業務の効率を下げるだけでなく、現場の士気を大きく低下させる要因**となります。

　こうした問題が放置されると、社員は無駄な作業に疲弊し、本来の業務に集中できなくなります。さらに、適切なツールや技術が提供されないことで、社員のスキルアップの機会が制限され、キャリア設計が難しくなるという問題も発生します。このような状況では、若い世代や優秀な社員ほど「この環境では成長できない」と感じ、より良い職場を求めて離職するケースが増えていきます。

正しいマネジメントの方法

　ツールや技術の不十分さによる問題を解決し、社員がストレスなく業務を遂行できる環境を整えるためには、以下のマネジメント方法が有効です。

①DX（デジタルトランスフォーメーション）による組織とシステムの最適化を進める

　まず、システムやツールの導入を単なるデジタル化として捉えるのではなく、業務プロセスそのものを最適化するという考え方で、組織とシステム全体の統合を進めることが鍵となります。非効率な業務を抱える部署や部署間の連携に着目し、客観的な観点で業務フローを描いて「あるべき業務」を想定し、現状との差分をシステムやツール、技術でどのように埋めていくかを検討していきます。また、その際は新しい技術やツールの導入を奨励し、そのために必要な導入フローや運用ルールを定めます。

②技術的負債の解消を計画的に進める

　多くの企業では既に業務システムが導入されており、それが技術的負債（過去の設計や技術を使い続けることで運用や追加開発が非効率になること）となることがあります。システムやツールは、たとえばオフィスを建てることに似ています。オフィスはプレハブで早く安く作ることもできますが、それを実際に利用し続けるには設備や耐久性が脆弱でメンテナンスに費用がかかったり、新しい業務や部署を作る際に増改築をしなければならなくなったりします。防犯や耐震設計、企業イメージや採用のブランディングなどの観点でリスクもあるでしょう。システムも同様に、一定の期間で見直しを行って、新しく「自分たちに必要なもの」を見据えて作り替えていく必要があるのです。

組織・環境編

アンチパターン
47

継続的な緊急事態で壊れる

危険度 ★★★★★　頻出度 ★★★☆☆

継続的な緊急事態は人と組織を破壊する

現代のビジネス環境では、予期せぬ事態や緊急のトラブルが発生することは避けられません。経済状況の変化、自然災害、サイバー攻撃、さらには突発的な市場の変化など、さまざまな要因が日常的に企業に影響を与えています。こうした緊急事態が単発で一過性のものであれば、適切な対応によって、組織は短期間で通常の業務に戻ることが可能です。「雨降って地固まる」ということわざにもある通り、トラブルによってかえって組織内の絆が強まることもあります。

しかし、**適切なマネジメントが行われずに人が連続して辞めることで非常事態が継続的に発生したり、プロジェクトが炎上してトラブルが頻発したりするようになると、組織全体に大きなストレスと混乱**が生じます。社員の精神的・肉体的負担が蓄積すると、ミスを誘発してトラブルが悪化したり、人間関係が悪化して軋轢が生じたりします。そして、最終的には「人が壊れる」状態にまで至る危険性があります。

継続的な緊急事態が引き起こす組織上の問題

継続的な緊急事態はまず**「組織全体の集中力の低下」**を引き起こします。日々新たな問題に対処しなければならない状況では、社員は常に危機管理に追われ、本来取り組むべき業務や長期的な戦略に集中する余裕を失います。その結果、通常業務の効率が低下し、業務遂行に対するモチベーションも大きく下がることになります。また、絶え間なく発生する緊急事態は、社員にとって精神的な負担となり、ストレスや不安感を増大させます。こうした状態が続くと、社員は慢性的な疲労感や不調を感じ、最悪の場合、燃え尽き症候群（バーンアウト）に陥る可能性が高

まります。

　また、継続的な緊急事態は、**「組織内のコミュニケーションへの悪影響」**にもつながります。頻繁な緊急対応の中で、情報共有や意思決定が急ピッチで行われるため、しばしば十分な説明や議論がなされず、結果として誤解や混乱が生じやすくなります。これにより、社員間の連携が弱まり、組織としての一体感が失われる恐れがあります。また、緊急事態対応に追われる中で、問題解決や通常業務に必要な時間を割けなくなり、結果として解決策が中途半端なものとなったり、通常業務の精度が低下したりすることによって、次々に新たなトラブルが起こるという悪循環に陥るケースも少なくありません。

　さらに、管理職や経営陣から、緊急事態が発生した原因や責任を現場のチームや特定の個人のものとして追及されるようになると、組織には責任回避や他責思考が蔓延してさらなる緊急事態を招くことになります。

悪影響は中長期に及ぶ

　継続的な緊急事態がもたらす中長期的な問題としては、**「組織の戦略やビジョンが不明瞭になる」**という点が挙げられます。経営陣が日々の危機対応に追われ、長期的な成長戦略を十分に検討できない場合、社員は「自分たちの努力がどこに向かっているのか」がわからなくなります。こうした不透明な状況は、社員の自己肯定感やキャリア意欲を損ない、結果として離職率の上昇や組織全体の競争力低下を招く可能性があります。経営陣も同様に緊急事態の収束やその損害のリカバリーに多くの意識や時間を取られることになるため、腰を据えて本来あるべき組織のミッションや中長期の事業戦略の立案などを行うことができなくなるの

です。

　また、継続的な緊急事態の中で、組織は**「リソース（人員や時間）配分の困難」**にも直面します。限られたリソースを目の前の緊急事態対応に偏らせると、長期的な投資や成長戦略に必要な資源が不足し、組織全体の発展が停滞します。さらに、頻繁な緊急対応により、社員は通常業務の見直しや改善に取り組む余裕がなくなり、結果として組織の生産性が持続的に低下するリスクが高まります。こうなると、トラブルは突発的に発生する一時的な問題ではなく、「組織の体質」として定着してしまいます。

　さらに、「11 評価が不公平で壊れる」でご説明したように、**緊急事態が常態化してその収束に当たることを「頑張っている」と評価してしまうと、社員にトラブルを予防するインセンティブが働かなくなるため、円滑なプロジェクトや業務の遂行に関する意識や技術が定着しなくなるという問題**もあります。「トラブルがないことが良いこと」であるという認識を経営陣や管理職が理解し、それらを浸透させていくことが健全な組織の風土を形成するうえで鍵となります。

組織・環境編

正しいマネジメントの方法

　継続的な緊急事態に対処し、社員が安心して業務に取り組める環境を構築するためには、以下のマネジメント方法が有効です。

①予防的なリスク管理体制を整備する

　組織全体でリスクを早期に察知し、対策を講じるための仕組みを構築します。定期的なリスク調査や、緊急事態発生時のシミュレーション訓練などを実施し、緊急事態の発生を未然に防ぐ体制を整えます。

②緊急事態対応プロセスを明確化する

　万が一緊急事態が発生した場合でも、各部署やチームが迅速かつ統一された対応ができるよう、詳細なマニュアルやガイドラインを整備します。これにより、混乱を最小限に抑え、社員のストレスを軽減します。

③柔軟な体制を構築し業務フローの見直しを実施する

　緊急事態に陥るたびに通常業務が中断されないよう、各部署の人員や体制、業務フローを定期的に見直し、余裕を持った体制を整えます。これにより、社員が常に安定した業務環境で働けるようになり、長期的な生産性を維持します。

④社員の意見を反映するコミュニケーション体制を強化する

　緊急事態が連続した際は、社員が抱えるストレスや現場の問題点を迅速に把握し、経営陣がそれに基づいて改善策を講じることが重要です。定期的なアンケートや面談でのヒアリングを通じて、有給休暇の取得を奨励したり、トラブルの予防のために社員の声を組織運営に反映させたりする仕組みを構築します。

アンチパターン
48

組織の倫理的問題で壊れる

危険度 ★★★★★　　頻出度 ★★★☆☆

組織・環境編

グレーなビジネスや不公正な組織運営による悪影響

ビジネスは事業投資を行って売上と利益を上げ、それを循環させることによって継続や拡大を目指します。そのプロセスを構築できなければ事業は成り立たないため、民間企業の第一の目標は**売上と利益を向上させること**にあります。もちろん、法律に違反すれば相応の処分を受けることになるため、法を無視してビジネスを行うことはできませんが、**社会には「違法ではないが倫理的に問題があるグレーなビジネス」が存在**します。

たとえば、消費者に価値を誤認させて商品やサービスを購入させたり、投資家に対して虚偽の説明をしたり、労働者を不当な条件や環境で働かせて経営陣だけが大きな利益を得たり、取引先に不公平な条件で契約を締結させて自社だけが利益を上げたり、環境に大きな負荷をかけたり、極端な節税を行って税金による社会整備に寄与しなかったりするといった企業はニュースでもしばしば見かけます。また、組織運営の倫理的問題として、組織の内部で発生する不正行為や不公正な慣行、権力の乱用（ハラスメント）などを黙認したり、長期にわたって放置するケースもあります。

このような**倫理的に問題があるビジネスや公正さに欠けた組織運営に社員を関与させると、社員の心身に大きなダメージを与え、さらに組織全体の健全性や継続性を脅かす重大な要因**となります。報道でしばしば見る通り、有名な大企業であっても倫理的な問題によって存続が危ぶまれる事態に陥ることがあるのです。

倫理的な問題は放置すれば組織文化に

倫理的に問題があるビジネスや組織運営は、多くの場合、悪意をもっ

て行われるというよりは、組織を発展させたり事業の継続性を確保したりするために、ある意味で「仕方なく」行われます。たとえば、商品の競争力が足りないために営業が顧客に虚偽の説明をしたり、売上や利益の低調さをカバーするために不正会計が行われたり、営業成績が良い担当者のハラスメントが黙認されたりするのです。

こうした対応はあくまでも一時しのぎに過ぎず、あるべき対処を先送りにして問題をより深刻にしますが、その背景に**「秘密の共有」**という人間の心理的な作用が存在します。つまり、倫理的に問題がある物事をお互いに黙認することで、共犯的な形で関係性を継続させるのです。「憎まれっ子世に憚る」ということわざにある通り、**行動に問題があるが故に組織の中で重用されるという事態**が続いてしまうのです。

倫理的に問題がある行動を行う人物が組織内で重用されると、その行動のネガティブな影響は半ば公認状態となり、周囲も問題として意識しなくなります。さらに行動を模倣して自分も利益を得ようとする人が出るようになると、**倫理的な問題はチームや部署、組織全体へと広がって歯止めがかからなくなります**。倫理的な問題を秘密として共有する関係者は発覚時のリスクを無視するようになりますが、自分のキャリア設計を重視する優秀な人材はそのようなリスクを抱える必要がないため組織に定着せず、**倫理観に問題のある社員だけが残ることになって問題のある行動は組織文化として定着**してしまいます。

組織の倫理的問題は、発覚すると企業のブランドや市場での信頼性、顧客との関係に大きな打撃を与えます。たとえば、顧客に対する虚偽の説明が営業手法として広く行われていたことが外部に漏れた場合、顧客は「この企業は信用できない」と判断し、契約解除を行って大幅な売上減少といった結果を招く可能性があります。こうした状況下では、倫理的な問題を容認してきた社員も見切りをつけて離職を考えるようになるため、急速に経営危機へと陥ります。

組織・環境編

正しいマネジメントの方法

　組織の倫理的問題を防ぎ、社員が安心して働ける環境を構築するためには、以下のマネジメント方法が有効です。

①明確な倫理規範の策定と徹底した周知を行う

　企業は、倫理に関する基本方針や行動指針を、「綺麗事」ではなく「組織の持続性や発展性を犠牲にしないための重要なテーマ」であると認識し、文書化して全社員に定期的な研修を通じてその重要性を周知徹底します。これにより、社員は何が許され、何が許されない行動かを明確に理解できるようになります。

②透明性のある意思決定プロセスを確立する

　昇進や評価、業務配分において、客観的な基準とプロセスを明示することで、個人的な利害関係に左右されることなく、公正な判断が行われる環境を作ります。社員は、自分の努力が正当に評価されると感じることで、倫理的な問題に対して抵抗を示し、適切な対応が行われるようになります。

③内部通報制度とその保護体制の整備を行う

　多くの企業で見られるような「ガス抜き」としてではなく、消費者庁の「公益通報者保護法を踏まえた内部通報制度の整備・運用に関する民間事業者向けガイドライン」に沿った実効性のある仕組みとして構築することで、人材や組織へのネガティブな影響を最小限に抑えることができます。

④定期的な内部監査と改善を実施する

　倫理的問題が発生していないかを定期的にチェックし、必要に応じてポリシーやプロセスの改善を行うことで、継続的な組織の健全性を維持します。また、監査結果を全社員にフィードバックし、透明性を保つことも重要です。

アンチパターン
49

職場のハラスメントで壊れる

危険度 ★★★★★　　頻出度 ★★★☆☆

組織・環境編

ハラスメントに対応できている組織は少ない

　企業や組織が目指す成長と発展の陰で、職場内のハラスメントはしばしば見過ごされがちな深刻な問題です。職場で発生するハラスメントには、上司からのパワハラやセクハラから、同僚間でのいじめ、場合によっては取引先や顧客からの不適切な言動まで、幅広い形態があります。これらは必ずしも法令違反と断じられるほどの明白な行為ではない場合も多いものの、社員にとって精神的・肉体的な負担となり、組織全体の健全性を著しく損なう要因となります。ハラスメントが横行する環境では、社員は自分の能力や努力が正当に評価されず、不当な扱いを受けていると感じ、結果としてモチベーションが低下し、離職やバーンアウト（燃え尽き症候群）へとつながるケースが少なくありません。

　厚生労働省の「職場のハラスメントに関する実態調査 令和5年度報

パワハラ／セクハラを受けていることを認識した後の勤務先の対応

（対象：ハラスメントを勤務先が認識していたと回答した者　パワハラ：n=573、セクハラ：n=120）

出典：「職場のハラスメントに関する実態調査 令和5年度報告書」厚生労働省
https://www.mhlw.go.jp/content/11200000/001256085.pdf

告書」によると、過去 3 年間に勤務先で受けたハラスメントとして、**パワハラ（19.3%）が最も高く、次いで顧客等からの著しい迷惑行為（10.8%）、セクハラ（6.3%）**がこれに続くと報告されています。また、深刻な問題なのは、パワハラ・セクハラを受けていることを認識した後の勤務先の対応として、「特に何もしなかった」という回答が**パワハラで53.2%、セクハラで42.5%と、非常に高い割合で放置されている**ことです。「48 組織の倫理的問題で壊れる」でご説明した通り、ハラスメントは事業の継続性や発展性に関わる極めて大きいリスクであるにもかかわらず、経営者や管理職の問題意識が欠けているために黙認されたり、「秘密の共有」によって容認されたりしているのです。

ハラスメントが放置される背景

　ハラスメントの背景には、上意下達の組織文化や権威主義的な風土が存在することが多く、こうした環境下では、**権力者や特定の派閥が優遇される一方で、現場の社員の声が軽視される傾向**があります。たとえば、営業成績が良い担当者がその実績を盾に、他の社員に対して過度な要求や圧力をかけるといった事例が見受けられます。このような状況では、社員は「自分の意見は無視され、評価されない」と感じ、大きく意欲を失います。また、「32 人間関係のトラブルで壊れる」でご説明した通り、どれほどハラスメントを行う当人が優秀でも、周囲に与えるネガティブな影響はそれを上回るため、組織全体の生産性は大きく阻害されます。

　また、ハラスメントが放置されると、組織の透明性が失われ、内部告発が出にくくなるという悪循環が生まれ、結果として組織全体の信頼性が低下します。同様に、顧客や取引先からの信頼も、内部の不正や不公正な慣行が露見すれば一気に失われ、**企業の評判や経済的基盤に大きなダメージを与える**可能性があります。

組織・環境編

正しいマネジメントの方法

　職場のハラスメントを防ぎ、社員が安心して働ける環境を整えるためには、以下のマネジメント方法が不可欠です。

①明確な倫理規範と行動指針を策定する

　企業は、何が許容される行動で、何が許されないかを明文化し、全社員に周知徹底します。定期的な倫理研修やワークショップを実施し、社員が自身の行動基準を確認できるようにすることが、ハラスメントの防止に効果的です。特にハラスメントは職位が高い人によって行われることが多いため、経営陣や管理職の意識向上が重要です。

②適切なマネジメントができるよう育成プログラムを実施する

　管理職やチームリーダーのマネジメントのノウハウ・スキルの欠如が原因で、安易に権力や強い言動に頼って相手をコントロールしようとしてパワハラになっているケースがしばしばあります。部下やチームメンバーに適切なマネジメントができるよう、特に管理職やチームリーダーに対してマネジメント研修等の育成プログラムを実施し、マネジメントスキルの向上を実現します。

③オープンなコミュニケーション文化を確立する

　社員が自由に意見や不満を述べられる環境を整えるために、定期的な1対1の面談などを導入します。これにより、問題が小さいうちに把握でき、早期に解決することができます。また、問題が発生した際には行動指針に基づいて迅速かつ透明性のある対応を行う必要があります。

④内部通報制度とその保護体制を強化する

　社員がハラスメントや不正行為を安全に報告できる仕組みを整え、通報者が不利益を被らないように厳格な保護策を講じます。これにより、問題が隠蔽されることなく、速やかに改善措置が実施される環境が作られます。

アンチパターン 50

価値観の変化に対応できずに壊れる

危険度 ★★★★★　頻出度 ★★★☆☆

組織・環境編

価値観の急激な変化が起きている

　現代社会は急速に変化の時代に突入しており、企業や組織は従来の価値観だけではなく、新たな価値観に迅速に適応することが求められています。**グローバル化、多様性の尊重、テクノロジーの進化、ワークライフバランスの重視**といった要素は、労働者の意識や行動に大きな影響を与えています。かつては堅実で伝統的な価値観に基づいて運営されていた組織でも、これらの変化に対応できずに時代遅れの経営手法や組織文化を温存したままだと、新しいビジネス環境に対応できず業務の効率化や生産性が維持できなくなります。さらに、社員自らも時代から大きく取り残されて市場価値が下がっていると感じ、モチベーションや生産性の著しい低下を招くことになります。

　たとえば、かつては終身雇用や年功序列に依存していた日本企業のキャリアパスが、個々のスキルや成果に基づく評価制度へと変わりつつある中で、伝統的な価値観や業務のあり方に固執する組織は、若手社員からの支持を失います。

　特に**「デジタルネイティブ」と呼ばれる世代は生まれたときからスマートフォンやタブレット、高スペックなパソコンや高度なソフトウェアを利用することに慣れており、また柔軟な働き方や自らの意志でキャリアを切り開くことに重きを置いています。**こうした感覚を持つ世代は、古い価値観に基づいた組織文化では、自分たちの成長や生活の質を実感できないと感じるため、採用が困難なだけでなく、採用しても定着せず慢性的な人手不足や優秀な人材が流出するリスクが増大します。

「失われた30年」によるマネジメントの停滞

　多くの日本企業が未だに古いやり方に固執し、新しい価値観や働き方に対応できていない背景には、「失われた30年」と「超少子高齢化」があります。バブル崩壊以降、日本経済は約30年間停滞しており、その間企業は**短期的な効率化や利益の確保のためにコストカットに終始せざるを得ない状況が続いてきました**。また、超少子高齢化によって慢性的かつ深刻化する人手不足の中で、**新しい技術や業務フロー、組織のあり方について検討する余裕を持つこともできませんでした**。しかし、ビジネス環境の複雑化や、利用できるツールや技術の発展に伴って労働者の意識も大きく変わる中で、組織がそれらの変化に対応できなければ、これまで通りのやり方すら維持することができなくなっているのです。

　これからの時代は、経営陣が長期的な視点に立った組織改革に投資するという意識を明確に持つ必要があります。社員の市場価値やキャリア形成に直結する環境を整え、新たな価値観を取り入れるためのプロジェクトという取り組みや最新技術について正確な認識を持つことが、企業の持続的成長の鍵となります。

　さらに、内部で生じる倫理的問題や不正行為を隠蔽することなく、透明性の高い運営が実現できれば、社員は自らの成長に自信を持って業務に取り組むことができ、組織全体の信頼性も向上します。こうした環境が整備されることで、**企業は激変するビジネス環境に適応し、グローバル市場における競争力を維持できる**ようになるのです。

組織・環境編

正しいマネジメントの方法

　これからの時代、経営者は短期的な利益追求だけでなく、長期的な視点に立った組織改革への投資が必要不可欠です。

①経営層自らが意識変革を図る

　今後のビジネス環境に対応するためには、従来のコストカット中心の経営から脱却することが求められます。メディアやインターネットの言説や公表されている報告書を注意深く読み取り、時代のトレンドについて理解をするとともに、今後どのような技術やツールを事業に取り入れていけばよいのかを検討します。また、外部の専門家に依頼して、たとえば生成AIについて正しい理解を深めるといった取り組みも有効です。

②デジタルトランスフォーメーション（DX）を積極的に推進する

　意識変革を行うことで見えてきた方針や戦略を、組織のデジタルトランスフォーメーション（DX）の取り組みとして、どのような形で具体化するのか検討します。これによって、ビジネス環境への適応を図るとともに、社員や取引先との生産的な関係を長期的に構築することを目指します。

③プロジェクトという取り組みについて理解を深める

　新しい物事を実現する際には、プロジェクトという取り組みが欠かせません。不確実性を取り扱うことに対する理解を深め、自社におけるプロジェクトの成功率を高めるとともに、人材育成を進めます。

④現場との対話を促進する

　時代の変化については、現場で業務に取り組んでいる社員や外部の専門家が多くの知識や問題意識を持っていることがよくあります。社内からの形式的な報告では把握できない機微や建設的なアイデアなどを把握するために、こうした「現場の人」との対話を増やし、意識改革や事業のヒントを得ることも非常に有効です。

組織・環境編

プロジェクトマネジメントの基礎知識

　経済成長と労働力の多さ、ビジネスのシンプルさを背景に「ただ働かせる」だけでよかった時代とは異なり、現代はビジネス環境が急速に複雑化し、さらに人手不足によって組織の制度や環境の整備が欠かせない時代になっています。また、コンプライアンスや働き方に関する価値観も急速に変化しており、これらに対応できるかどうかが事業の持続性や発展性にとって極めて重要な要素となっています。

　今後の企業にとって、組織のあり方や環境整備は大航海に備えて適切な船を準備することと同じです。時代の変化の荒波を乗り越えるためには、ただ大勢の乗組員を集めるだけではなく、どのような船（組織）を作り、どんな設備（制度・支援体制）を整えるかが鍵となります。また、乗組員にとって、その船が適切に運営されていること（コンプライアンス）が信じられなければ自分の人生を預けて他の乗組員と力を合わせていこうとは考えないでしょう。

適切な労働環境を整える

　長時間労働や過重労働だけでなく、オフィスや職場環境が適切に整えられているか、業務の効率化に必要なツールやシステム、技術が導入されているかを常に確認し、積極的に支援を行うことが必要です。こうした事業投資をコストとみなして適切に実行しない場合、業務が効率化せず人手不足などの問題に対処できないだけでなく、優秀な人材から自身のキャリア設計に寄与しないとみなされて離職されてしまう可能性があります。

セキュリティ意識の向上に努める

現代では、業務の効率化や顧客に提示する新しい価値の創造のために IT を活用することは避けられません。しかし、IT はこれらのテーマに対して極めて効果的である反面、適切なセキュリティ対策を行わなければ大きな事業リスクを伴う可能性があります。セキュリティ対策には事業投資を伴うため、経営陣のセキュリティ意識を高めるとともに、そのために必要なレクチャーや研修を積極的に行う必要があります。

コンプライアンス意識の向上に努める

事業の安定的な発展のためにはコンプライアンス意識の向上に努めることも必須です。過度な社内政治を抑制したり、ハラスメントなどの問題行動に対処したり、不正な営業活動や会計処理が行われるのを防いだりすることは、「綺麗事」ではなく事業のリスクを最小限に抑えて持続性や発展性を確保するために必須の対策です。

経営者の価値観のアップデートに努める

現代の技術と人々の価値観の変化は目覚ましく、たとえば「5年前の常識」は今では全く通用しないといった領域もあります。経営者自身が「組織や事業はどのようにあるべきか」について検討するために、社会の動きに関する見識を深め、また現場との対話を進めていく姿勢が何よりも重要となります。

組織・環境編

イラスト	山形幸
ブックデザイン	沢田幸平（happeace）
DTP	有限会社 中央制作社

- 本書の一部または全部について、個人で使用するほかは、著作権上、著者およびソシム株式会社の承諾を得ずに無断で複写／複製することは禁じられております。
- 本書の内容の運用によって、いかなる損害が生じても、ソシム株式会社、著者のいずれも責任を負いかねますのであらかじめご了承ください。
- 本書の内容に関して、ご質問やご意見などがございましたら、ソシム Web サイトの「お問い合わせ」よりご連絡ください。なお、電話によるお問い合わせ、本書の内容を超えたご質問には応じられません。

人が壊れるマネジメント
プロジェクトを始める前に知っておきたいアンチパターン 50

2025年 4月10日　初版第1刷発行
2025年 4月24日　初版第5刷発行

著者	橋本 将功
発行人	片柳 秀夫
編集人	志水 宣晴
発行	ソシム株式会社
	https://www.socym.co.jp/
	〒101-0064　東京都千代田区神田猿楽町1-5-15 猿楽町SSビル
	TEL：(03)5217-2400（代表）
	FAX：(03)5217-2420
印刷・製本	中央精版印刷株式会社

定価はカバーに表示してあります。
落丁・乱丁本は弊社編集部までお送りください。送料弊社負担にてお取替えいたします。
ISBN 978-4-8026-1505-1　　©2025 Masayoshi Hashimoto　　Printed in Japan